La civilisation américaine

JEAN-PIERRE FICHOU
Professeur à l'Université de Caen

Troisième édition corrigée

17e mille

ISBN 2 13 043526 2

Dépôt légal — 1re édition : 1987
3e édition corrigée : 1994, juillet

108, boulevard Saint-Germain, 75006 Paris

INTRODUCTION

On n'aborde pas la civilisation américaine comme on aborde celle des autres nations. En trois siècles ce pays s'est vu attribuer un rôle de modèle ou de repoussoir universel et il a inventé un système original tout en se forgeant une autre conception de la vie. La brièveté de l'histoire nationale n'exclut pas le changement et on aurait tort de figer les structures pour rendre immuable un portrait qui n'est que temporaire, mais elle explique cette constance inhabituelle des idées-forces, qui contraste avec la relative inconstance des autres cultures plus anciennes.

La culture américaine constitue un tout assez homogène dans le temps malgré les variations sectorielles ou locales, malgré les modes et les crises. Les grandes tendances n'ont pas eu le temps de se retourner durablement et, s'il est vain d'essayer de tout expliquer par quelques lignes directrices, on comprend pourtant mieux les Etats-Unis à partir de ces idées-forces qui ont été identifiées au fil du temps.

La démarche consiste à proposer une explication globalisante en nourrissant une idée centrale des différents caractères culturels considérés comme les plus remarquables, les plus constants. A sa manière chacun des grands interprètes que nous avons retenus cherche le passé universel, mais le fait que chacun ait trouvé une clé différente doit nous inciter à la prudence, même si ces clés sont interchangeables. Sous leur diversité, qui est due à la personnalité de celui qui les a conçues et au caractère de son époque, ces synthèses comportent des éléments qui se retrouvent presque tous, presque toujours dans chacune d'elles. Seules changent l'intensité, la couleur, la direction de l'éclairage.

Tout américaniste doit avoir présentes à l'esprit les théories des grands ancêtres. Elles lui fourniront des lignes directrices, lui permettront de comprendre les faits culturels en les replaçant dans leur ensemble, de voir s'ils sont conformes à la tradition ou s'ils s'en écartent. Elles le dissuaderont de juxtaposer des événements, des faits arbitrairement isolés, des descriptions superficielles, de balkaniser la culture. Ce n'est pas en décrivant le mode de scrutin ou les sectes qu'on comprendra les Etats-Unis, mais en voyant pourquoi le système électoral est ce qu'il est, pourquoi les sectes sont ce qu'elles sont, en essayant de comprendre l'évolution de ces faits culturels dans le temps par un recours à l'étalon des grandes tendances dont elles s'écartent plus ou moins pour des raisons conjoncturelles qu'il convient d'étudier.

Il s'agit en somme d'analyser les grandes théories explicatives pour en dégager les composantes essentielles et comprendre l'état culturel de la nation à un moment de son évolution. L'identification des ingrédients permettra au lecteur de composer sa propre recette ; elle sera d'autant plus savoureuse qu'il saura y faire entrer des ingrédients nouveaux par lui découverts, ou les doser différemment, en un mot faire valoir son tour de main : savoir acquis et savoir-faire sont également indispensables au civilisationniste, tant il est vrai que la culture des Etats-Unis, comme toutes les autres cultures, est dans une certaine mesure un reflet de celui qui l'observe.

Chapitre Premier

QUELQUES TENTATIVES D'EXPLICATION GLOBALE

De nombreuses tentatives plus ou moins convaincantes ont été faites pour « expliquer » la civilisation américaine par un recours à *une* idée-force qui présiderait au développement des mythes et des habitudes collectives qui caractérisent les Américains en société à tout moment de leur histoire. Chacune de ces théories se suffit à elle-même et donne la clé de la culture nationale. Ce serait en somme la formulation en clair de l' « âme américaine », du « génie national ».

Ces essais d'explication semblent avoir deux traits communs : leur formulation et leurs conclusions sont parfois séduisantes et toujours dangereuses. Séduisantes parce qu'elles synthétisent, éclairent et sécurisent, dangereuses parce qu'elles n'expliquent pas tout et risquent d'anesthésier la curiosité de celui qui les utilise en lui offrant un guide universel bien structuré mais marqué des convictions ou des préjugés de celui qui l'a conçu sans, le plus souvent, le considérer comme absolu. Les explications globales se situent en effet dans le temps ; elles s'inscrivent dans le contexte qui les a engendrées et qui parfois les immobilise au point d'en faire plus une explication de la couche culturelle qui les a vues naître qu'une explication des couches culturelles suivantes. Elles sont souvent trop bien moulées dans leur époque pour éclairer l'ensemble d'une histoire culturelle.

Nous n'avons pu ici en retenir que quelques-unes et notre choix a été dicté par le souci de n'exposer que les plus utiles d'entre elles, les plus éclairantes, les plus complètes, celles qui reviennent le plus fréquemment sous la plume des observateurs et sont devenues, en quelque sorte, un code de l'américaniste.

Plus qu'une explication, l'agrarianisme est l'expression d'un espoir né avec le pays, puis d'une nostalgie. Le système de Jefferson n'en apparaît pas moins comme un recueil synthétique de thèmes traditionnels et de tendances durables.

La théorie qui a connu le plus d'exégètes est sans doute celle que de Tocqueville exprima entre 1835 et 1840 dans *De la démocratie en Amérique*. Cet auteur bâtit une interprétation de la civilisation américaine sur la notion de démocratie sans toujours se rendre compte qu'il se réfère, ce faisant, à son propre vécu (1). Il n'est alors pas surprenant de le voir donner à ce mot un sens particulier qu'il convient de bien cerner sous peine de sérieux déboires.

Lorsque Turner avança la théorie qui porte son nom, ou celui de « théorie de la Frontier », il ouvrit la voie à une lignée de nouvelles interprétations. Comme il a ses admirateurs inconditionnels, il a ses détracteurs qui se plaisent à souligner les lacunes ou les erreurs de sa pensée. Il n'en reste pas moins que cette théorie présente une interprétation séduisante et commode quand on sait en repérer les limites et les exagérations parfois chauvines.

Plus près de nous, David Potter offre, avec sa

(1) Harold Laski dit même que son livre est un ouvrage de civilisation française illustré par des exemples américains (*The American Democracy*, Londres, G. Allen & Unwin, 1949, p. 17).

théorie de l'abondance, un système assez exhaustif : l'évolution de la culture nationale est conditionnée par l'énorme richesse du pays. Il étudie les effets de cette gigantesque réserve sur la naissance et le développement de l'américanité.

La philosophie pragmatique de William James connut un succès considérable ; de nombreux auteurs se sont appuyés sur cette théorie importée aux Etats-Unis par Spencer et par Dewey pour mettre au jour divers aspects culturels nationaux.

Le caractère démocratique de la société américaine s'accommode fort bien de son pluralisme et, si Zangwill eut le mérite de forger l'expression « *Melting-Pot* » qu'il utilisa — à tort ou à raison — pour décrire la société américaine, de nombreux auteurs avaient, avant lui, remarqué le bouillonnement culturel qui, dans le creuset américain, préparait une civilisation nouvelle.

Michael Kammen dans *A People of Paradox* ouvre une autre voie à partir de ce qu'il appelle le « pluralisme instable ». En s'appuyant sur la période coloniale il montre comment le pluralisme baigne véritablement dans le paradoxe.

Les théories de Darwin, enfin, connurent aux Etats-Unis une vogue peu commune, peut-être parce qu'elles étaient particulièrement gratifiantes pour les Américains. On peut, en démarquant légèrement certaines de ses affirmations, déboucher sur un « darwinisme social » qui permet d'expliquer la plupart des caractères que l'on considère généralement comme révélateurs de la culture américaine.

L'agrarianisme. — Sans chercher à expliquer tous les aspects de la culture américaine de manière systématique, ni préjuger de son développement à venir, les Agrariens ont établi, à partir de la lecture des philosophes européens et de ce qu'ils voyaient autour d'eux, un système qu'ils ont présenté comme un idéal à poursuivre pour mettre en place une société nouvelle correspondant aux aspirations des nouveaux Américains. Cette théorie a surtout la valeur d'une référence.

Il est frappant de remarquer que ce modèle qu'on avait appliqué de manière instinctive et pour ainsi dire par nécessité en raison du caractère rural de la société coloniale, puis formulé de manière plus ou moins claire à l'époque de la guerre d'Indépendance, ne fut réalisé que très imparfaitement par ceux-là mêmes qui l'avaient conçu — et notamment par Jefferson — lorsqu'ils vinrent au pouvoir. Le Président Jefferson se trouva en effet confronté aux problèmes propres à une société en pleine transformation, de sorte que l'application de l'idéal agrarien se serait révélée impossible ou dangereuse.

Après être tombé quelque temps en désuétude alors que son zélateur était président, l'agrarianisme fut repensé et reformulé par Andrew Jackson qui s'efforça pendant son mandat de prendre les mesures qui étaient, selon lui, les plus aptes à le faire passer dans les faits en l'adaptant aux nouvelles réalités. Cette philosophie sociale est pourtant tombée sous les coups de boutoir conjugués de l'urbanisation et de l'industrialisation, de la spéculation et du capitalisme. Si Jefferson importa les idées du XVIIIe siècle européen, ce fut John Taylor qui eut le mérite de les articuler.

L'agrarianisme se fonde sur un ensemble de principes généraux établis à partir de l'observation de la vie de l'homme en société et qui s'appuient sur l'idée d'une démocratie fondée sur la vertu de petits agriculteurs indépendants (les « nobles de la nature », comme disait Jefferson) appelés par leur travail et leur frugalité à devenir les bienfaiteurs de la collectivité nationale.

Ces principes sont parfaitement mis en œuvre dans les colonies, puis dans les Etats-Unis des premières années. Le pays est agricole, et l'industrie, pratiquement inexistante, n'a guère de chances de se développer sous l'éteignoir dont la Grande-Bretagne coiffe ses dépendances du Nouveau Monde. Même dans le Sud les exploitations sont de petite taille et le plus souvent autarciques. Le *Subsistence Farming* prédomine, chacun produit la quasi-totalité de ce qu'il consomme et troque ses maigres surplus contre les produits manufacturés qu'il ne sait pas fabriquer. Ces petites fermes sont exploitées par des familles entières parfois aidées par quelques ouvriers agricoles qui apparaissent comme les égaux de leurs employeurs. Les propriétaires ne dépendent de personne : le gouvernement est trop éloigné dans ce pays aux routes encore inexistantes ; les communautés s'administrent elles-mêmes de manière directe et règlent leurs problèmes sans aide extérieure tout en veillant jalousement sur leur autonomie. Le gouvernement est d'autant plus absent qu'il est encore inorganisé et impuissant à contrôler cette multitude de fermiers isolés ou farouchement individualistes, qui ne doit rien à qui que ce soit et entend le faire savoir.

Pour les Agrariens l'homme est naturellement bon : c'est la société qui encourage le mal quand elle est trop étouffante ou trop directive. Le gouvernement n'est qu'un mal nécessaire dont il faut s'accommoder si on veut consolider l'union entre les Etats ou protéger le pays contre l'inimitié d'une Europe toujours trop belliqueuse. Il faut que chaque Etat, chaque communauté, chaque individu protège sa propre originalité et son indépendance. La théorie du *small is beautiful* (2) qui s'applique aux institutions comme elle s'applique aux petites entreprises et aux exploitations agricoles de l'époque retrouve cycliquement sa valeur, aujourd'hui peut-être plus que jamais, et pas uniquement pour les nostalgiques du jeffersonisme. La complication grandissante des rouages sociaux a toujours été redoutée aux Etats-Unis. Pour les Agrariens, la société américaine permet à l'individu d'atteindre plus facilement au bonheur que celles des pays d'Europe parce qu'elle respecte ces principes girondins. Elle perdra ses vertus si le capitalisme et l'urbanisation finissent par la miner.

L'importance des petits fermiers devenus les garants de la vertu collective exclut l'avènement d'une aristocratie à l'anglaise qui, enrichie par simple héritage, peut vivre dans l'oisiveté et l'abondance et consomme sans produire. Le travail et la frugalité restent les seules justifications de l'opulence et du succès ; la propriété et la richesse sont les droits naturels de ceux qui possèdent ces vertus bourgeoises.

Pour les Agrariens la société se divise en deux groupes aux intérêts opposés : les petits fermiers, les petits entrepreneurs, les travailleurs qui produisent et les spéculateurs-capitalistes qui déjà se servent des autres et utilisent leur influence pour accroître leur richesse. Quand ils n'utilisent pas la corruption, ils utilisent les lois qu'ils multiplient quand elles les favorisent et s'appuient sur l'Etat qu'ils dirigent généralement par personnes interposées. Le jeu des primes, des subventions et des droits de douane qui déséquilibre la concurrence agit toujours en faveur des mêmes.

Le pouvoir politique est si dangereux qu'il faut toujours le garder en laisse car il peut, quand il a les

(2) « Ce qui est petit est beau. »

coudées franches, transférer la richesse des mains de ceux qui la produisent dans celles des autres qui en profitent.

L'impôt entretient une bureaucratie inutile et néfaste qui redistribue les biens sans en produire ; il pénalise injustement les actifs au bénéfice des oisifs et des improductifs.

Le développement de très grandes entreprises favorise l'anonymat et entraîne un désintérêt général tandis que l'essentiel des bénéfices va au propriétaire, qui est souvent inactif, au lieu d'aller aux travailleurs qui sont les seuls créateurs de biens.

Tels sont les idées et les principes agrariens que le Président Jefferson aurait bien voulu appliquer lorsqu'il accéda au pouvoir suprême. Il rencontra malheureusement des obstacles insurmontables. Sa lutte contre Hamilton avait déjà laissé soupçonner le caractère utopique de certaines de ses idées dans un pays où l'industrie n'attendait que l'indépendance nationale pour prendre son essor.

Il faudra patienter jusqu'à l'élection de Jackson pour voir l'exécutif revenir à l'agrarianisme. Homme de l'Ouest, celui-ci s'employa à préserver l'indépendance et les chances des petits fermiers et des pionniers sur lesquels il fondait son pouvoir en interdisant aux grandes fortunes de l'Est de spéculer sur les terres et en réduisant l'étendue du pouvoir politique. C'est ainsi qu'il s'efforça d'empêcher ce dernier de briser le cours normal de la vie économique en freinant son action centralisatrice et l'aide qu'il apportait alors aux grandes compagnies. La concurrence est à la source de l'égalité des chances qu'il convient de préserver à tout prix pour que les « petits » puissent se mesurer aux « grands ». Chacun doit pouvoir créer son entreprise, les banques doivent être libérées de la tutelle gouvernementale, et les petits propriétaires qui acceptent de déléguer leurs pouvoirs doivent, par des élections fréquentes et diversifiées, contrôler ceux qui ne les dirigent qu'avec leur consentement.

La philosophie agrarienne exprime probablement les aspirations les plus profondes de la société qui s'est créée au Nouveau Monde, mais elle n'a jamais pu triompher bien que les conditions nécessaires à son épanouissement se soient trouvées rassemblées aux premières heures de la culture américaine. Lorsque le pays fut conduit à se doter d'une économie et d'une industrie capables de rivaliser avec celles d'Europe, les principes agrariens furent écartés même s'ils conservaient la valeur d'un idéal.

Le premier théoricien du capitalisme américain, Adam Smith, n'était pas lui-même très éloigné de ces principes. Ses positions, franchement favorables aux industriels et à la notion de profit, s'accommodaient fort bien du credo de Taylor et Jefferson. Farouchement hostile à toute intervention de l'Etat dans le domaine économique, il prêchait la concurrence qui, seule à ses yeux, garantit l'égalité des chances et une distribution plus équitable de la richesse. Alors que les intérêts convergents des petits agriculteurs et des travailleurs de l'industrie favorisent le progrès collectif, les spéculateurs et les affairistes sont égoïstes et non productifs. Smith voulait en quelque sorte appliquer les principes agrariens à l'ensemble social, élargissant en cela la théorie de Jefferson à laquelle il conférait une audience plus vaste dans le cadre du capitalisme industriel.

Ce sont pourtant les conceptions plus jacobines et centralisatrices de Hamilton qui triomphèrent au XIXe siècle. Elles provoquèrent ou accompagnèrent l'apparition d'une « élite » capitaliste qui entraîna dans son sillage le développement industriel et urbain.

Il n'en reste pas moins que l'agrarianisme subsiste

à l'état latent et renaît épisodiquement de ses cendres. Il s'oppose alors au capitalisme sauvage, à la croissance incontrôlée des trusts et des multinationales, à l'interventionnisme d'Etat, à la massification, et génère ce capitalisme industriel et urbain contre lequel il se dressait en apparence : l'histoire des Etats-Unis multiplie les exemples de rééquilibrage entre les petites entreprises et les conglomérats géants lorsque ceux-ci tendent à étouffer celles-là, entre le pouvoir central et les autorités locales. On pourrait aussi dire que la multiplication récente des petits porteurs d'actions — mais dans quelle mesure est-elle significative d'une meilleure répartition de la richesse nationale ? — tend à faire du capitalisme américain un capitalisme « populaire » et qu'elle procède, même si elle ne reste qu'un vœu pieux, du principe agrarien de naguère.

Plus qu'une explication de la civilisation américaine, l'agrarianisme apparaît comme une force considérable, durable comme la nostalgie qui la sous-tend, la tourmente et l'oriente. Il permet de décrire avec précision la société coloniale et révolutionnaire dont plusieurs caractéristiques subsisteront jusqu'à nous et qui ont été notamment relevées par de Tocqueville.

La démocratie. — De Tocqueville oscille entre plusieurs définitions de ce mot qu'il charge de sens divers. Ce dont il parle tour à tour, quand ce n'est pas simultanément, c'est du « système représentatif », du « nivellement social », du « gouvernement du peuple », de l' « égalité », voire tout simplement de l'expérience américaine dans son ensemble.

Son livre reste l'ouvrage de référence par excellence. Après avoir décrit le système et procédé à une étude minutieuse et pénétrante de ses institutions, il énonce les grands principes qui ont présidé à son développement pour déboucher sur une réflexion à propos des sociétés en général.

On ne saurait pourtant y voir un panégyrique complaisant : l'auteur exprime des craintes sérieuses sur l'avenir de la société démocratique des Etats-Unis.

Il est tout d'abord frappé par l'importance que les Américains ses contemporains accordent au libéralisme, à l'esprit d'indépendance et à l'individualisme tout en préconisant une démocratie majoritaire qui pourrait aisément, selon lui, devenir « tyrannique » puisque tout et tous sont soumis à la loi de la majorité. Les juges sont indépendants du pouvoir politique, les journalistes sont libres de leurs écrits comme les individus le sont de leur pensée. Les autorités locales, autonomes et bien contrôlées par les électeurs, sont hors de la portée du gouvernement central dont les attributions sont clairement limitées. Mais tout pouvoir ne trouve sa source que dans la seule volonté de la majorité.

Le second volet de son panorama décrit et analyse la prospérité. Il est très sensible au dynamisme, à la puissance de travail, à l'ardeur, à l'opulence de cette société qui a su se donner les moyens de partager une plus grande richesse collective entre des individus plus nombreux. Il s'étonne de la rapidité avec laquelle cet ensemble social a pu se développer, probablement à cause de son dynamisme, et se laisse séduire par l'égalitarisme qui s'oppose à l'élitisme aristocratique des Européens.

Cet égalitarisme lui semble pourtant constituer une menace pour l'avenir. En Amérique, tout est fondé sur le côté matériel de la vie, sur l'acquisition des biens et sur le succès individuel qui se mesure au degré d'opulence : cet état d'esprit ne laisse pas de susciter une grande avidité. La masse des richesses n'étant pas infinie, leur partage entraînera, et entraîne peut-être déjà à son époque, une « heureuse médiocrité » et non plus une « grandeur limitée à certains ».

Le matériel assure sa prise sur l'intellectuel, l'esthétique et le moral. Pour de Tocqueville, ce goût et cette recherche effrénée de l'argent et du bonheur matériel entraîneront nécessairement l'apparition d'une classe riche aux côtés d'une classe pauvre et la renaissance d'une aristocratie ; le cercle se fermera et les Américains reproduiront sur des bases nouvelles, à plus ou moins longue échéance et d'une autre manière, le modèle élitiste des Européens. Le développement de l'industrie finira par étouffer l'individu, chaque travailleur devant se spécialiser et s'aliéner pour réussir : la liberté ne naît pas toujours de l'égalité puisque nous ne pouvons tous atteindre en même temps le sommet de la pyramide sociale.

L'avenir lui donnera dans une large mesure raison. La classe dirigeante ne ressemblera certes jamais tout à fait à son homologue européenne, mais elle en assumera bien des caractères, surtout lorsque les privilèges ou les avantages commenceront à se transmettre de père en fils.

Son étude permet de bien connaître les Américains de son époque. Elle permet aussi, et ce n'est pas son moindre mérite, de comprendre tout un pan de l'évolution culturelle des Etats-Unis dans les siècles qui suivront son livre. L'analyse des institutions qu'il nous propose débouche sur celle des mentalités qui survivront jusqu'à nous. S'il n'a guère décrit le développement du capitalisme industriel, et pour cause, il l'a au moins pressenti et nous a fourni des éléments susceptibles de nous aider à le comprendre : le mûrissement de la société américaine s'est effectué en grande partie de la manière qu'il indiquait. Individualisme, libéralisme, recherche du profit, dynamisme, égalitarisme et dans une certaine mesure aliénation par le nivellement, le recentrage permanent, religion du travail et de la réussite, culte du mouvement et de la vitesse, esprit d'initiative, prédominance du pratique sur l'idéologique, tous ces éléments énoncés par de Tocqueville se retrouvent à un degré quelconque dans l'histoire culturelle des Etats-Unis et dans les diverses interprétations qui en ont été proposées.

Dans la mesure où la plupart de ces éléments se rattachent à la théorie selon laquelle l'individualisme est la clé de voûte de la société américaine, le système de Tocqueville jette une passerelle entre l'agrarianisme et la Frontier.

La Frontier. — C'est probablement l'explication la plus largement utilisée mais c'est également celle qui a suscité le plus de critiques. Elle fut formulée en 1893 par un jeune historien, Frederick Jackson Turner, dans une communication intitulée *La signification de la Frontier dans l'histoire américaine*, qui se réfère à la progression des pionniers, des fermiers, des artisans, puis des commerçants et des prestataires de services qui ont, en vagues successives, investi l'ouest du pays.

La notion d'Ouest n'est pas immuable : on est toujours à l'ouest de quelqu'un... La Frontier s'est éloignée progressivement de la côte atlantique pour traverser le Middlewest, puis le Far West. Le continent fut considéré comme conquis en 1890.

Cette théorie d'inspiration agrarienne a été tirée, manipulée, élargie pour expliquer des faits qui lui sont parfois postérieurs. Turner explique la culture américaine (3) par l'esprit pionnier, et ses détracteurs eux-mêmes reconnaissent que, si la Frontier n'explique pas tout, elle permet de jeter les bases d'une

(3) « La particularité des institutions américaines, c'est qu'elles ont été contraintes de s'adapter à l'évolution d'un peuple qui se développait dans l'espace » (F. J. Turner, *The Frontier in American History*).

interprétation globale relativement incomplète mais cohérente.

Turner part essentiellement de deux définitions : la Frontier est « le point de rencontre entre le sauvage et le civilisé », une « réduction à une condition plus primitive ». Cette zone en perpétuelle mouvance où les pionniers sont en contact direct avec une terre vierge et les peuples indiens — qui appartiennent, eux, à une civilisation tout à fait différente — a fait naître des attitudes neuves qui contribueront à former le caractère national.

Seul ou au sein de la caravane et de sa famille, le pionnier doit tout créer en agissant conformément à sa propre personnalité, selon son propre intérêt, tout en s'appuyant sur les autres pour assurer sa survie, les soutenant à son tour quand ils le sollicitent. Les structures étant encore inexistantes, il doit vivre seul, mais avec les autres. Certains pionniers avaient quitté l'Est où ils se sentaient prisonniers des institutions comme leurs ancêtres avaient quitté l'Europe pour se libérer des contraintes sociales. Ils procèdent donc à une véritable autolibération et on verra dans leur démarche le point de départ ou la continuation de cette tendance individualiste qui est un des caractères les plus constants de la civilisation américaine, une manifestation de leur méfiance à l'égard des institutions rigides, un désir d'agir par soi-même, sans la tutelle de ceux dont le métier est d'être responsable des autres.

Cela suppose une grande confiance en soi, un besoin constant d'agir en prenant des risques. C'est aussi la manifestation d'un réel désir de décentralisation dont le fédéralisme n'est qu'une conséquence.

La population de la Frontier était d'abord très clairsemée puisque seuls quelques intrépides se lançaient en avant des autres. Ils disposaient de l'espace et pouvaient choisir les terres qui leur semblaient les meilleures. La notion d'abondance est bien le principe moteur de cette marche à l'Ouest, avec, en corollaire, celle de gaspillage. Pourquoi auraient-ils économisé quand les ressources étaient si abondantes ? Abondance et gaspillage sont des caractères américains traditionnels, comme le montra la réaction de l'opinion publique lorsque le Président Carter essaya d'économiser l'énergie par une réglementation fédérale. Cette propension à l'économie qu'on trouve chez les Européens est aux antipodes des préoccupations nationales : l'oncle Picsou n'est à cet égard pas un personnage américain !

Le fait de partir vers l'ouest puis, lorsqu'on a créé une ferme, de la revendre aux pionniers-suiveurs *(settle and sell)* pour repartir en avant, témoigne de ce besoin d'action, de cette insatisfaction devant l'objectif quand il a été atteint qui caractérisait les pionniers. Ce fut une course en avant vers l'inconnu, au plan individuel et au plan collectif. Ce Facteur Mouvement — le *M Factor* — se retrouve aujourd'hui dans la vie quotidienne, dans les institutions politiques, dans l'art, dans le monde des affaires.

Pour ainsi tout quitter, le pionnier devait avoir une solide dose d'optimisme. Il ne partait que dans la mesure où il était persuadé que ce qui était derrière l'horizon ne pouvait être que meilleur. Le dynamisme et la vie quotidienne de ces hommes et de ces femmes témoignaient de leur volonté d'agir et non de contempler ou de réfléchir, et ces deux éléments, l'action et l'optimisme, n'ont jamais laissé le champ libre à l'intellectualisme.

La conquête du continent ne se fit pas sans douleur, les Anglais et les Français dressant de multiples barrages contre cette progression territoriale et culturelle. Les Indiens résistaient aussi mais le mouvement était irrépressible. L'expansionnisme deviendra bientôt un caractère américain qui se confirmera au fur et à mesure que les Etats se fortifieront : ayant conquis la terre qui la fit naître, la culture américaine se lancera à la conquête du monde.

Si on en croit Turner, la société qui était en marche dans ces territoires vierges se renouvelait perpétuellement. Il fallait créer ou modifier les institutions, les lois, organiser la vie en commun là où rien n'existait. Il fallait côtoyer de nouveaux pionniers et s'accommoder de leur façon de vivre, qui pouvait être très différente, s'adapter à l'environnement, acquérir de nouvelles qualités, accepter de nouveaux défis, donc se renouveler individuellement, socialement, culturellement.

La société de l'Est, déjà élaborée, offrait un certain nombre d'institutions (Eglises, écoles, tribunaux, etc.) qui se compliquaient au fil des années. Déjà habitués à un certain confort, les pionniers de 1880 se retrouvaient seuls et livrés à eux-mêmes. Ils retournaient à des conditions « plus primitives », se jetaient dans un bain de jouvence, au contact des éléments, directement, sans intermédiaire imposé ou choisi. Ce vide créé par l'éloignement des structures sociales traditionnelles devait être comblé par des qualités personnelles. Le pionnier devait savoir tout faire, comme son ancêtre qui arriva sur la côte atlantique : fermier, tonnelier, enseignant, chasseur, il devait remplacer à lui seul tous les autres. Il devait pour survivre être souple, adaptable et inventif : ces qualités qu'on se plaît à considérer comme éminemment américaines sont nées de la Frontier.

La société, qui ne connaissait pas la division du travail, vivait dans la tradition agrarienne, en petites unités autarciques ; les conditions étaient favorables à l'avènement de la démocratie puisque tous se retrouvaient dans la même situation, confrontés aux mêmes ennemis, à la nature hostile. L'égalité des chances était là mieux préservée qu'ailleurs, chacun ne survivant qu'en fonction de ses qualités propres, de son énergie, de son inventivité. Chaque esprit devait avoir un tour pratique, chacun devait pouvoir résoudre les difficultés les plus ardues sans aide extérieure, en se donnant les moyens de réussir seul. Les nostalgiques de la vie simple et primitive y trouvaient leur compte et ces conditions forgeaient un nouvel état d'esprit qui devait subsister jusqu'à nos jours sous des formes diverses. C'est lui qui a toujours permis aux Américains de s'adapter aux nouvelles situations, aux nouveaux problèmes qui se posent à eux (commerce, industrie, développement), mais en conservant l'essentiel : l'adaptabilité, la diligence, le pragmatisme, l'efficacité, l'optimisme, l'ardeur au travail, la souplesse et l'énergie.

Certains de ces traits sont clairement empreints de puritanisme : l'homme confronté à la nature s'efforce d'y mettre sa marque, de l'utiliser à son profit, de démontrer sa suprématie.

La Frontier était un creuset, elle correspondait à l'image du pays. Les hommes venus du Nord y rencontraient ceux qui venaient du Sud, les Indiens, les nouveaux immigrants. Les aventuriers, chercheurs d'or ou gentilshommes de fortune côtoyaient les pères de famille, et les uns ne manquaient pas de déteindre sur les autres. Les minorités ethniques, Noirs mis à part, y rencontraient les minorités nationales. Les femmes, peu nombreuses, apparaissaient comme des êtres sacrés, qu'elles fussent femmes de pionniers vertueuses ou chanteuses de cabaret habiles à faire naître le rêve.

C'est à l'Ouest que les grandes légendes verront le jour, que les héros d'un instant deviendront des modèles vénérés, redresseurs de torts ou bandits d'honneur. Natty Bumpo, Davy Crockett, Mike Fink le pirate du Mississippi, Daniel Boone l'ouvreur de pistes incarneront cette course vers un Eldorado qui fut celle d'un peuple vers sa culture.

On fait parfois remarquer que la théorie de la Frontier pèche par omission, qu'elle n'explique pas, par exemple, la révolution industrielle qui lui est postérieure. Il faut pourtant admettre qu'elle l'annonce implicitement en dégageant les traits du caractère national qui l'ont favorisée. On peut aussi se demander ce qu'il adviendra de la culture américaine lorsque l'esprit de la Frontier aura disparu. Cette question devra peut-être être posée un jour, mais un jour assurément très lointain car les Américains se donnent une nouvelle Frontier chaque fois qu'ils ne sont plus tenus en haleine : la pauvreté, la recherche, l'espace, le monde sont autant de raisons d'agir dans le plus pur esprit de l'Ouest.

La Frontier est avant tout un état d'esprit. Elle correspond précisément aux qualités et aux défauts culturels des Etats-Unis : adaptabilité, souplesse, inventivité, optimisme, courage, ouverture sur le monde, individualisme, mais aussi violence, matérialisme, superficialité, agitation, aventurisme, naïveté.

Sans être la clé universelle de la civilisation américaine, la théorie de Turner est très gratifiante. Pour pallier ses lacunes, il faut la considérer comme un mode d'investigation, une base de départ, une ouverture. Maniée avec prudence elle se révèle comme un outil particulièrement efficace, un outil né de l'abondance et de l'espace.

L'abondance. — C'est David Potter qui a formulé cette théorie dans son livre *People of Plenty* (4).

(4) University of Chicago Press, 1954 ; trad. *Les fils de l'abondance*, Paris, Seghers, « Vent d'Ouest », 1966.

Il montre comment la richesse du pays et la manière dont les Américains ont su l'utiliser permettent de comprendre certains aspects culturels, expliquent certaines théories comme celle de Tocqueville ou de Turner et rendent compte des options prises en politique étrangère. On retrouve sous la plume de Potter plusieurs mots clés déjà utilisés par d'autres mais dont l'emploi se trouve cette fois justifié par l'existence d'une abondance dont ils sont issus.

On avait, il est vrai, signalé avant lui que la richesse avait présidé à la naissance et au développement d'une culture originale. Mais de Tocqueville et Crèvecœur n'allaient pas jusqu'à fonder sur elle une interprétation globale. Pour Potter, l'abondance sous-tend l'ensemble des attitudes sociales et, sans elle, la civilisation américaine aurait emprunté des chemins très différents. Elle « affecte l'ensemble des conditions sociales et contribue de façon décisive à la formation de la culture et du caractère américains » (5).

On ne saurait construire tout l'échafaudage culturel sur cette donnée sans la préciser quelque peu. Par « abondance » il faut entendre « richesses naturelles » mais aussi « mise en valeur de ces richesses » (industrie, commerce, inventivité, publicité, consommation) et « richesse en hommes ».

Potter montre comment la mobilité géographique et sociale peut s'expliquer à partir de l'abondance ; il se rapproche ainsi de Turner qu'il explicite : l'existence de terres inexploitées symbolise l'abondance, c'est une réalité en puissance qui devient promesse, puis récompense et donc encouragement. Les pionniers ont créé un nouvel ordre social où la culture nationale, selon Turner, trouve ses racines, mais c'est l'abondance qui a enclenché l'ensemble du processus. Elle explique la mobilité sociale puisqu'elle engendre l'égalité des chances : au lieu de se contenter de distribuer

(5) *Op. cit.*, p. 131.

les richesses déjà existantes, c'est-à-dire de retirer aux uns ce qu'on donne aux autres, le pays puise dans ses réserves pour améliorer le sort des défavorisés sans réduire le bien-être des nantis. Au lieu de tendre vers l'égalitarisme absolu, ce phénomène encourage un progrès général qui entretient l'optimisme en même temps qu'il s'en nourrit.

Si on donne au mot « égalitarisme » son sens américain, c'est-à-dire celui d' « égalité des chances », l'abondance devient stimulante : il y a toujours de nouvelles conquêtes et les meilleurs se serviront les premiers (6). L'égalité des chances ne serait qu'un leurre s'il n'y avait rien à se partager. Les pionniers qui, en Oklahoma, se lançaient dans une course folle dont le vainqueur prendrait les meilleures terres illustrent cet égalitarisme, cet optimisme exacerbés par l'abondance ; ils couraient parce qu'ils avaient autant de chances de réussir que leurs voisins.

Certes, et Potter le souligne, ce désir d'exploiter les richesses du pays a parfois détourné les Américains de tout ce qui n'est pas tangible.

L'auteur nous montre comment l'abondance, qui explique l'individualisme, rend également compte de cet esprit collectif si caractéristique. C'est pour permettre une meilleure exploitation des richesses que le mouvement de concentration s'est accéléré à l'époque du capitalisme industriel.

L'abondance explique aussi l'interventionnisme d'Etat : pour contrecarrer les manœuvres des trusts il faut un arbitre redresseur de torts qui fasse jouer la libre concurrence sans laquelle on ne peut tirer profit de la richesse offerte.

Comme d'autres avant lui, Potter se fonde sur la

(6) « L'abondance a influé sur la vie américaine de multiples façons, mais elle l'a particulièrement marquée en modelant et en soutenant l'idéal et la pratique de l'égalité » (*op. cit.*, p. 139).

thèse qui veut que le niveau de bien-être matériel conditionne le degré de civilisation. L'instrument libère l'esprit pour d'autres tâches : « l'abondance était le moyen de sauvegarder la liberté » et « la liberté permettait d'assurer l'abondance » (7) et de se fixer des défis. Reste à savoir si les Etats-Unis ont su profiter de leurs richesses sans perdre de vue qu'elles ne sont pas une fin en soi (8).

La liberté et la liberté d'entreprendre sont toutes deux les filles très soumises de l'abondance dont elles sont issues. En ce qui concerne les relations avec les autres pays, les conséquences de la richesse ont été moins heureuses si on en croit Potter. Désireux de faire partager leur harmonie au reste du monde, les Américains ont échoué parce qu'ils n'ont pas vu que leur démocratie ne peut exister sans l'abondance.

Ce n'est pas leur richesse qu'ils auraient dû chercher à exporter pour aider les autres, mais le savoir-faire qui leur a permis de la mettre en valeur. Les peuples pauvres ou peu enclins à faire fructifier leurs ressources ne peuvent leur ressembler. Quand le niveau de vie d'un pays tend à rattraper celui des Etats-Unis, sa civilisation s'aligne un peu mieux sur la leur, mais cela suppose d'abord l'existence de ressources minimum et ensuite le désir de les exploiter par le travail. Pour Potter, et il est en cela bien de chez lui, l'économique prime sur le culturel qu'il précède.

Si l'hypothèse de Turner tient compte de l'existence de terres vierges pour expliquer l'évolution de la société, elle est selon Potter trop exclusivement agrarienne : la Frontier est pour lui « une porte ouverte

(7) *Les fils de l'abondance*, p. 178-179.

(8) « Le potentiel économique du continent américain a amené ses habitants à subordonner toutes les autres valeurs à la réalisation d'une richesse maxima » (*op. cit.*, p. 157).

sur le maximum de richesses intactes ». Turner a bien vu cette voie, mais il ne s'y est pas engagé avec assez de détermination. En fait son escalier n'a pas de première marche. La conquête de l'Ouest (et tout ce qu'elle implique) ne s'explique en réalité que par l'existence de ces terres généreuses, par la richesse en hommes eux-mêmes riches d'espoir et d'ardeur qui ont permis de les conquérir.

Ce sont ces richesses qui ont engendré et conforté l'optimisme du pionnier qui connaissait leur existence, ce sont elles qui ont adouci les privations qu'il acceptait dans l'espoir d'un avenir plus riant et ce sont elles aussi qui ont donné naissance à l'égalitarisme.

Potter va donc plus loin que Turner quand il montre la manière dont ce processus s'applique à l'industrie et au commerce : la Frontier était là aussi une réalité comme elle l'est à l'échelle de l'univers entier, cet univers qui deviendra une Frontier totale ouverte à ceux qui voudront le conquérir. L'abondance est donc une manifestation « mi-matérielle mi-culturelle » qui permet souvent d'expliquer les explications élaborées par les autres chercheurs. Elle ne cède ses fruits que si on met tout en œuvre pour l'exploiter, avec ce pragmatisme qui sacrifie tout au résultat.

Le pragmatisme. — On considère William James comme le fondateur de cette philosophie et John Dewey, son disciple, comme le continuateur américain de sa théorie qu'il préférait quant à lui appeler « instrumentalisme ». Ces deux lignes de pensée très voisines sont empreintes d'anti-intellectualisme et permettent de comprendre un grand nombre de traits culturels dans la mesure où elles se réfèrent toutes deux constamment à l'expérimentation plutôt qu'à la supputation.

Le pragmatisme consiste tout d'abord à rejeter systématiquement tous les préjugés, tous les systèmes préétablis, théoriques et complets. On voit parfois dans cette attitude empirique et dynamique une illustration de ce qu'il est convenu d'appeler « la jeunesse » du peuple américain qui voudrait partir d'une table rase culturelle et rejeter les dogmes sacrés inamovibles qui régissent ailleurs les comportements ainsi que les tabous et les canons qui bloquent l'action.

La réflexion théorique ne se justifie que si elle débouche sur un acte dont les suites sont tangibles, si elle a un objectif précis et matériel (9). Elle ne sert que de guide et ne sera juste que si elle entraîne une action dont les conséquences sont favorables. Tout doit être expérimenté et jaugé en fonction de l'efficacité et Dewey ira très loin dans ce sens pour tout ce qui concerne la pédagogie : on ne sait bien que ce que l'on fait soi-même et l'on ne doit rien accepter de ses maîtres que l'on n'ait discuté et analysé. L'innovation est bonne en soi, puisqu'elle permet de conduire ses propres expériences, de commettre ses propres erreurs et de juger de leur effet, donc de leur valeur. On voit tout ce que cette théorie a pu apporter dans les domaines de l'expérimentation industrielle, de la recherche, tout ce que lui doivent l'esprit d'indépendance et, partant, le libéralisme.

Individualisme et libéralisme se trouvent étroitement associés dans cette philosophie que l'on considère à juste titre comme « typiquement américaine ». L'homme doit affirmer son indépendance pour mériter sa liberté ; c'est ici que la libre entreprise et l'individualisme prennent leurs racines.

James et ses disciples voient un monde en proie à la lutte incessante du bien et du mal et s'inscrivent en cela dans la ligne du puritanisme qui a toujours cédé dans ce domaine au manichéisme. Rien n'est certain dans cette lutte où l'homme se trouve engagé malgré lui et qui engendre un sentiment d'insécurité propice à l'effort, à l'action personnelle. Cette nécessité de se battre, cette sensation

(9) Comme l'écrit Laski, c'est l'intérêt et non pas les idées qui lient les Américains entre eux (*op. cit.*, p. 19).

d'insécurité, cette présence continuelle du risque vont naturellement de pair avec l'évangile libéral et entraînent sans coup férir le succès de la libre entreprise : rien n'est jamais acquis, l'instabilité nécessite le rééquilibrage permanent. Les entrepreneurs de toutes sortes, représentants privilégiés ou hérauts de cette doctrine, n'agiront pas autrement.

L'homme, en butte aux assauts du monde, doit mener seul sa lutte personnelle : James s'aligne encore sur la doctrine puritaine. La culture naît de cette lutte quand l'homme triomphe. Telle était la démarche des pionniers de naguère, telle est la démarche de ceux qui, bâtisseurs, inventeurs et chercheurs tentent d'imposer la marque de l'homme sur ce qui l'entoure, en utilisant les richesses qu'il découvre pour le bien de tous.

L'homme est en effet créateur : la somme des expériences individuelles construit peu à peu le progrès et le dynamisme crée chaque jour des biens nouveaux.

La morale est innée chez l'homme et James retrouve ici Jefferson qui croyait non seulement en notre perfectibilité, mais encore en notre bonté naturelle lorsque les institutions nous laissent agir à notre guise. Puisque l'homme est perfectible, puisque ses penchants sont bons, il faut le laisser libre. Le centre de la personnalité c'est la volonté, et le pragmatisme côtoie le volontarisme : volonté d'agir sur le monde, sur les autres et sur nous-mêmes, volonté de nous améliorer sont autant d'obligations culturelles auxquelles sacrifie cette société américaine qui ne supporte ni l'inaction, ni le statu quo.

Le pragmatisme, fait d'expériences et d'efforts individuels, suppose de toute évidence la reconnaissance de ce pluralisme qui caractérise tous les secteurs de la vie sociale et dont la première illustration est peut-être le *Melting-Pot*.

Le creuset. — Les Etats-Unis sont un *Melting-Pot*, un « creuset ». Cette expression forgée par Zangwill (10) a connu une vogue considérable, sans doute parce qu'elle évoque un pays ouvert à tous les opprimés. Elle ennoblit un phénomène démographique qui aurait pu, sans elle, ne déboucher que sur un amas disparate de groupes ethniques. Pourtant, quand l'opinion publique commença à s'inquiéter de l'affluence de nouveaux immigrants qui ne parlaient même pas anglais, n'avaient aucune qualification et adoraient parfois des dieux inquiétants, certains nativistes rejetèrent l'idée de creuset : le *Melting-Pot* ne brassait pas les peuples et les cultures pour fondre un peuple homogène. Le creuset était en fait miroir aux alouettes.

La théorie de Zangwill cristallise certaines tendances, certaines velléités et cherche à expliquer la culture par une source commune faite d'eaux disparates. L'effet du creuset a-t-il été aussi considérable qu'on l'a dit ? De nombreux groupes en sont sortis sans être transformés et vivent face à face plutôt que côte à côte. Mais il a pourtant souvent bien fonctionné et possède en tout cas la valeur d'un idéal, ou d'une justification. C'est donc au mieux une force culturelle agissante, au pis l'expression d'une aspiration.

La régularité du flot des immigrants, temporairement perturbée par les récessions, la situation économique des pays fournisseurs, le nativisme ou, au contraire, par l'appel du Nouveau Monde, est aussi remarquable que son volume.

La première conséquence en est la multiplicité des racines physiologiques et culturelles. Les mariages mixtes ont largement contribué au succès du *Melting-Pot* : Ariens, Juifs, Noirs, Jaunes se sont trouvés

(10) C'est le titre qu'il a donné à une pièce de théâtre *(The Melting-Pot)*.

mélangés, quand bien même les mariages interraciaux auraient été l'exception jusqu'à une période récente. Les enfants de ces couples ont reçu la double marque culturelle de leur père et de leur mère en plus de celle de leur environnement, et notamment de l'école. La langue anglaise est bien vite devenue un lien tenace. On a pu voir dans cette instabilité congénitale l'origine de la tolérance, de l'ouverture d'esprit, de l'amour des situations transitoires. On peut aussi y voir la cause d'un manque d'intérêt pour le passé, d'un attrait pour l'avenir.

Les immigrants se regroupaient souvent et ralentissaient ainsi l'action du creuset en créant des enclaves « étrangères » au sein de la communauté, qui apparaissaient rapidement comme une menace. Ils se regroupaient par nationalité, par simple affinité, pour se défendre, pour des raisons religieuses (Irlandais catholiques regroupés autour de leurs prêtres dispensateurs de sacrements), par commodité (Mexicains du sud de la Californie), pour des raisons historiques (Noirs très nombreux dans le Sud et les grandes villes) ou professionnelles (Allemands du Middlewest, Hollandais du Michigan).

Certaines ethnies s'étaient spécialisées dans un métier (Hollandais et Allemands dans l'horticulture, Scandinaves dans la laiterie, cordonniers français et italiens).

Tout ceci fait que les Etats-Unis se sont peuplés à la fois de manière homogène quand les ethnies se sont mélangées et de manière hétérogène quand elles n'ont pas voulu ou n'ont pas pu le faire.

Le creuset a exercé son influence sur l'économie du pays : si l'industrie et l'agriculture ont progressé, c'est de toute évidence grâce à l'arrivée de travailleurs étrangers. Disponibles, dociles et peu gourmands *(coolie wages)* (11), ils n'hésitaient pas à changer de profession ou de lieu lorsqu'il le fallait ou qu'ils pouvaient espérer une promotion. Cette attitude cor-

(11) Ils acceptaient des salaires de misère (« salaire de coolie »).

respond parfaitement à la versatilité professionnelle et géographique traditionnelle.

La soumission des nouveaux venus à leurs employeurs ne manqua pas de faire problème et contribua à alimenter la xénophobie : ils prenaient le travail des anciens Américains (ce qui est discutable) et faisaient baisser les salaires, quand ils ne jouaient pas les briseurs de grève.

Enfants du darwinisme, ils étaient déjà sélectionnés avant d'arriver sur le territoire : seuls les jeunes émigraient quand ils étaient optimistes et ardents. N'ayant rien à perdre, ils se lançaient dans la compétition générale. Ils ne partaient certes par sur un pied d'égalité avec les Américains, mais ils se trouvaient, comme les pionniers de Turner, réduits à une « condition primitive » où les meilleurs triomphaient.

Malgré le handicap constitué par leur race, leur religion, leur langue et leur culture, ils parvenaient d'autant plus souvent à gravir l'échelle qu'ils étaient poussés vers le haut par les vagues de nouveaux arrivants qui brûlaient de prendre leur place. Le creuset et l'immigration accélérèrent ainsi la mobilité sociale comme ils accélérèrent la mobilité géographique lorsque les chemins de fer rendirent la marche à l'Ouest moins périlleuse.

Le dynamisme de ces immigrants qui acceptaient toutes les privations et travaillaient pour mener leur rêve à son terme s'inscrit bien dans la ligne de la culture traditionnelle.

La présence de groupes nationaux ou ethniques apparut souvent comme une menace, mais cette menace fut à bien des égards bénéfique puisqu'elle conduisit les Américains de souche à poursuivre leur effort pour ne pas se laisser rattraper par les nouveaux venus, et qu'elle leur a révélé la nécessité de se mettre à l'écoute des autres. Quand l'opinion devient xénophobe et invite ceux qui sont différents à se comporter en Américains ou à rentrer chez eux, le creuset exerce encore une fonction d'américanisation : en se défendant, les Américains affermissent leur américanité dans la mesure où ils défendent leurs propres valeurs, leur langue, leur religion, leur manière de vivre. Lorsqu'ils disent « l'Amérique aux Américains », ils affirment l'existence de l'une et des autres.

Le creuset agit donc dans deux sens opposés qui curieusement s'ajoutent. Il permet d'ouvrir le pays et la culture aux immigrants, s'efforce de les assimiler (en se modifiant lui-même), en même temps qu'il suscite des attitudes d'autodéfense contre une puissante agression venue de l'extérieur.

Si l'immigration est de nos jours sévèrement contrôlée, le creuset agit toujours avec une relative efficacité. L'homme nouveau de Crèvecœur n'existe probablement pas, mais il reste un objectif, un idéal. Le fait que les Etats-Unis aient arrêté l'immigration quand elle ne leur était plus indispensable, qu'ils aient sélectionné les immigrants en fonction de leur capacité théorique d'assimilation ne peut cacher le rôle primordial joué par ces nouveaux venus dans le développement de leur société, dans la naissance de leurs grandes tendances culturelles. L'attitude de l'opinion publique face à la notion de creuset est toujours révélatrice de sa mentalité, de sorte que l'immigration peut être vue sous deux angles : c'est elle qui a fait la culture américaine, et c'est peut-être aussi la culture américaine qui l'a engendrée.

Il s'agit en fait d'un creuset changeant au contenu volatile dont les éléments se combinent ou se rejettent pour créer ce déséquilibre fluctuant que Michael Kammen appelle le « pluralisme instable ».

Le pluralisme instable. — Dans son livre, *A People of Paradox*, Michael Kammen s'attache à montrer que la civilisation américaine se caractérise essentiellement par son pluralisme instable. Plutôt que de se référer à un seul système explicatif, il s'appuie sur les nombreux paradoxes qui apparaissent dans le domaine culturel, et notamment dans la société coloniale qu'il étudie en détail. Ces paradoxes existent tout autant dans les tranches culturelles ultérieures : l'instabilité dans le pluralisme est à la fois synchronique et diachronique.

Il existe bien des « clés uniques » comme il les appelle, et qui sont fort utiles : héritage britannique, immigration diversifiée, environnement, abondance, libéralisme, individualisme, etc. Le faisceau de tous ces mots en « isme » se concentre pour mieux éclairer la civilisation américaine. Mais s'ils rendent tous compte d'un aspect de cette civilisation, ils ne la décrivent pas dans son ensemble, de sorte qu'on ne voit pas pourquoi il faudrait en retenir un en particulier. Il convient donc, à partir des contradictions et des paradoxes, de construire un système autour d'une double variable, le pluralisme et l'instabilité, celle-ci étant à la fois temporelle et spatiale. Cette démarche ne refuse pas la synthèse : elle est empirique et évolutive, elle explique les Etats-Unis à partir de l'anti-intellectualisme et de la souplesse.

Sans donner dans le genre « Etats-Unis terre de contrastes », Kammen insiste sur le bimorphisme. L'immigration est à la fois attirance et répulsion : « Les facteurs d'attirance et de répulsion que constituent le désir d'appartenir à un groupe et la recherche de la liberté ont été la condition ambivalente de la vie en Amérique, le mélange de cette civilisation en contrepoint » (12). Ce trait qu'on pourrait aussi appeler le paradoxe du pionnier, fait d'un mélange de grégarisme et d'individualisme, se retrouve tout au long de l'histoire de la société américaine.

(12) *A People of Paradox*, p. 116.

L'addition de paradoxes de ce type donne la somme culturelle : le volontariat se trouve être quasiment obligatoire puisque l'action et le progrès sont largement entre les mains de l'initiative privée. La coexistence d'une nouvelle hiérarchie et de l'égalitarisme, l'autonomie et le consensus, l'interventionnisme et le laisser-faire, l'expansionnisme et l'isolationnisme sont autant de couples mal assortis mais indissolubles dont la cohabitation crée un déséquilibre propice au dynamisme.

La coexistence de l'idéalisme et du pragmatisme trouve sa source dans l'Ouest : le premier était indispensable à la continuité du mouvement, à la sauvegarde de l'espoir, alors que le second était indispensable à la survie. Dans le domaine religieux, l'antagonisme entre le respect de la liberté individuelle et la nécessité d'une discipline stricte, particulièrement chez les Puritains, constitue un paradoxe dont les deux termes sont également indispensables. Le fatalisme et l'optimisme, également présents dans le puritanisme, forment un autre couple surprenant : la prédestination justifiait le premier, la nécessité de progresser justifie le second.

On retrouve aussi deux aspects apparemment contradictoires dans la politique étrangère : l'Aigle américain, remarque Kammen, porte une branche d'olivier et des flèches. Ce double symbole contradictoire se retrouve dans la politique de Theodore Roosevelt qui voulait exhiber sa force pour ne pas avoir à s'en servir.

Cette série (incomplète) de doubles signes engendre un bimorphisme probablement unique ; c'est la résolution de leur opposition qui les rassemble et qui engendre le pluralisme instable. De plus, les tensions entre les tendances contradictoires sont bénéfiques à la culture à laquelle elles permettent de vivre et de progresser (13).

Ainsi donc la civilisation américaine se dessine-t-elle en contrepoint, une harmonique répondant à chaque note. Le consensus qui permet de résoudre ces paradoxes la révèle dans ce qu'elle a de plus surprenant mais aussi dans ce qu'elle a de plus dense.

La lutte perpétuelle entre des attitudes contradictoires se résout donc en un équilibre précaire : les Etats-Unis sont un champ conflictuel, une jungle culturelle qui ne trouve son unité que dans une sélection naturelle toujours renouvelée.

Le darwinisme social. — L'implantation des théories de Darwin n'a pas été chose facile et on se souvient encore de cet enseignant qui fut emprisonné pour avoir enseigné l'évolutionnisme, ou du sarclage des manuels scolaires par la Majorité Morale actuelle. Cette théorie a cependant connu un succès démesuré dans une société essentiellement évolutive et favorable à la compétition.

C'est Spencer qui expliquera la théorie et conduira au darwinisme social : l'homme en société suit les lois de la jungle.

Persécutés en Europe, les Pères pèlerins ont cédé à leurs adversaires avant d'implanter leur religion dans un environnement, un « territoire », plus favorable. Ils se sont adaptés et, devenus les plus forts, ont repoussé les Quakers et les catholiques. C'est un des premiers exemples de lutte pour la vie dans la jungle culturelle américaine.

(13) Kammen illustre son point de vue par une image américaine s'il en est, celle de l'autoroute : « des foules anonymes se précipitent individuellement (mais simultanément) dans des directions opposées. Entre elles, un no man's land, généralement habillé d'une barrière d'arbres et de buissons qui cachent la route qui va Ailleurs et nous empêchent de rebrousser chemin » (*A People of Paradox*, p. 296).

Le second pourrait être le triomphe des colons sur les indigènes. Les premiers essais d'américanisation sont darwiniens.

Plus qu'une autre adaptable et fluide, cette société se livre à une perpétuelle course au succès, à l'adaptation. Les plus forts se nourrissent des plus faibles, la vie est une jungle où les actifs progressent au détriment des autres, à ceci près que la morale leur demande de venir à l'aide de ceux qu'ils ont supplantés. Les grands capitalistes n'ont pas fait autre chose en détruisant leurs concurrents, qu'ils ont ensuite secourus, non par solidarité, mais par charité. Les trusts ont avalé les petits entrepreneurs, et leur succès, ou celui de leurs initiateurs, a été présenté comme un modèle américain : vainqueurs à la loyale, ils sont les bienfaiteurs de tous ; vainqueurs déloyaux, ils seront vilipendés car la morale doit conserver ses droits et l'égalité des chances doit être préservée.

Cette théorie correspond très précisément au libéralisme. Elle admet l'expansionnisme, juste récompense des gagneurs. Elle suppose l'adaptabilité qui permet les nouveaux départs et s'allie à l'optimisme et au courage. Compatible avec l'esprit d'entreprise, le pluralisme et la flexibilité, elle résume ces grandes tendances qui se retrouvent constamment aux Etats-Unis.

Chapitre II

LE DYNAMISME

Fondée sur une réaction de révolte contre la persécution, l'étouffement, l'exploitation, la société américaine s'est animée d'un mouvement qui ne s'est guère ralenti au cours des siècles. Elle s'est affirmée dans une action collective faite de la somme des dynamismes individuels ; elle s'appuie sur un optimisme qui suffirait à lui seul à justifier ce besoin d'agir qui, s'il est une fuite, apparaît davantage comme une fuite VERS un but que comme une fuite DE quelque chose. Ce dynamisme est conforté par la flexibilité omniprésente qu'il accentue encore au point de créer une sorte de mouvement perpétuel, qui lance la société tout entière dans une course en avant.

L'attrait de l'avenir. — Les Etats-Unis ne se sont libérés de la tutelle britannique qu'à la fin du XVIIIe siècle. Le déracinement des immigrants qui fait des Américains un peuple toujours naissant pourrait à lui seul expliquer le fait que les individus recherchent leur identité dans le présent ou dans le futur plutôt que dans le passé (1). « Le présent n'est-il pas la limite toujours mouvante entre le passé et l'ave-

(1) « L'Américain considère le fait de songer au passé comme une perte de temps regrettable » (G. Santayana, *Character and Opinion in the USA*, p. 104).

nir ? » (2). Le Moyen Age et la Préhistoire se sont pour eux déroulés ailleurs que dans leur pays de sorte qu'ils ne peuvent s'appuyer que sur un passé très court. Peut-être est-ce même par un réflexe de compensation, en raison d'un complexe d'infériorité plus ou moins conscient, qu'ils délaissent ces liens avec l'histoire pour se projeter dans l'avenir ?

Lorsqu'ils voyagent à l'étranger, ils notent avec surprise l'intérêt qu'on y porte au passé. Les liens qui unissent encore les trois niveaux de nos familles (grands-parents, parents, enfants) leur sont étrangers et la cellule familiale ne fonctionne qu'à deux niveaux : les grands-parents, témoins du lignage, traits d'union avec l'histoire, vivent ailleurs, souvent très loin. La famille et l'héritage, dans l'idéal, comptent moins que le succès personnel. Le rejet du droit d'aînesse et des titres de noblesse est à cet égard révélateur.

Ce manque d'intérêt pour le passé remonte sans doute à l'époque coloniale. Ayant rejeté l'Angleterre et ses traditions, ils réagirent contre tout ce qui les y rattachaient. Qu'ils aient ou non « assassiné leur père culturel » ou leur « marâtre », que leur système social soit une réflexion ou une réfraction de la société mère ou une rupture importe somme toute assez peu. L'essentiel, c'est la volonté de trouver des bases vierges, ou de modifier l'ancien pour le qualifier de « nouveau ».

On peut considérer le goût pour l'histoire qui caractérise certains peuples comme un signe de maturité, et ce goût qui se développe peu à peu en Amérique témoigne sans doute d'une certaine maturation. Des pans entiers manquent à l'histoire nationale ; les institutions sont trop jeunes pour être des pivots ; le pays s'est trouvé directement projeté dans la période moderne avec un léger bagage, encore trop encombrant, mais aussi avec une sensation de manque qui conduit à imiter l'ancien ou l'antique pour se donner une

(2) P. Tillich, *The Eternal Now*, p. 630.

respectabilité (architecture antique de l'Indépendance, reconstitutions incongrues comme le château de Hearst en Californie).

Au lieu de contempler le passé il faut envisager l'avenir pour agir sur lui (3). La prospective, l'anticipation, la science-fiction qui sont histoire du futur sont bien américaines.

La ville n'est pas l'aboutissement de superpositions successives (l'Américain ne « bricole » pas ses villes), mais un pari, c'est-à-dire une projection d'espérance. On construit une gare loin de la ville pour obliger celle-ci à la rejoindre, les constructions ne sont pas faites pour durer, les maisons n'ont pas de fondations, donc pas de lien avec le passé ni de vocation à l'éternité, le matériau en est périssable (il sera bientôt démodé), le toit n'est qu'un abri momentané (la maison « abrite », c'est un verbe, et non pas un objet).

Le romantisme du passé est suspect, l'esprit créatif permet de régir le futur au lieu de le subir.

Certes il existe des racines et on ne renie pas les survivances et les emprunts. On recherche avec passion la parenté européenne et les patronymes ont depuis longtemps conféré une hérédité sociale. John Ford III et Carter Junior prolongent leurs ancêtres.

Cet idéal se trouve parfois altéré du fait de l'irruption de l'histoire dans la culture, de la transmission des situations acquises. Mais on peut encore dire avec John Barth que l'absence d'histoire engendre la liberté en faisant de chaque Américain un orphelin.

L'optimisme. — De toute évidence il conditionne l'attrait pour l'avenir : demain ne peut être que meilleur si nous savons saisir nos chances ; notre progrès personnel accompagnera celui de la société, l'un et l'autre étant garantis par cette croissance économique qu'on dit libératrice.

(3) « La tradition dont il a hérité est celle d'une civilisation dynamique dont tous les éléments, il en est persuadé, seront demain différents de ce qu'ils étaient hier » (Harold Laski, *The American Democracy*, Londres, George Allen & Unwin Ltd., 1949, p. 5).

Le fait de traverser l'Atlantique ou le Pacifique était déjà un signe d'optimisme ou tout au moins d'absence de pessimisme. Lorsqu'un pays dispose de ressources abondantes, que les hommes sont prêts à les exploiter, que la religion encourage l'acquisition des richesses (4), que de bonnes institutions favorisent les initiatives, l'optimisme se justifie d'autant mieux que l'histoire nationale n'a été que progrès matériel et succès répétés. La croissance stupéfiante, le niveau de vie inégalé, les chances de réussite mieux réparties qu'ailleurs, la relative égalité sociale, tout cela conforte les Américains dans leur optimisme.

La société fut, au moins jusqu'aux années 1920, notoirement ouverte, et la foi démocratique galvanisait les espoirs. Il y avait une place pour chacun, et le système social permettait à chacun de trouver sa place. La Déclaration d'Indépendance justifiait explicitement la recherche du bonheur ; elle servira de fondement, consolera les déshérités sans les rendre passifs, sera source d'optimisme comme le sera plus tard le mouvement vers l'ouest. En ouvrant de nouveaux champs d'action, en faisant miroiter les chances de succès, en dégrippant ce qui dans la société de l'Est avait tendance à se bloquer, la course vers la mer promise, l'océan Pacifique, redonnait confiance aux anciens Américains imprégnés de culture nationale et aux immigrants déçus de ne pas trouver dans les grandes villes cette chance qu'ils étaient venus chercher.

La confiance en l'avenir est quasi générale dans cette population jeune où le flot des immigrants se conjugue à un taux de natalité élevé.

L'apprenti qui connaît son métier peut, comme l'*indentured servant* (5) qui avait fini son contrat à l'époque coloniale, créer sa propre entreprise aux côtés de celui qui l'a formé, ou ailleurs, à l'Ouest où on attend impatiemment sa venue.

(4) Voir p. 80.

(5) Travailleur ayant signé un contrat d'une certaine durée avec un employeur assez riche pour payer sa venue aux Etats-Unis (époque coloniale).

Plus tard l'école et l'université ouvriront de nouveaux espoirs de promotion : la foi en l'éducation est une manifestation d'optimisme. Au XIXe siècle le système éducatif s'oriente de plus en plus vers l'intégration sociale et professionnelle *(Land Grant Colleges)* (6). Les discours qu'on tient à la jeunesse confortent encore cet optimisme. Carnegie et Rockefeller énumèrent avec complaisance les recettes de leur succès et font miroiter devant les jeunes auditoires qu'ils affectionnent toutes les raisons qu'ils ont d'espérer. La littérature populaire célèbre l'ascension sociale (7), et on encourage dès le plus jeune âge l'esprit d'initiative et le goût du travail. Chacun est persuadé qu'il peut passer de la « cabine en rondins » à la Maison-Blanche par un itinéraire parfois fantaisiste comme plus tard Harry Truman qui fut successivement vendeur, employé de banque, cultivateur, pianiste, officier, juge et sénateur avant de devenir président.

Les adultes continuent de nos jours à encourager un optimisme raisonné : la volonté d'entreprendre reste une réalité assez solide pour résister aux crises conjoncturelles aussi profondes qu'elles soient. Un homme en vaut un autre, tous sont perfectibles et on peut toujours recommencer ailleurs. On aime prendre de nouveaux départs, se fixer des défis nouveaux. L'optimisme est un credo collectif, conscient ou inconscient : le même verbe *(to expect)* ne veut-il pas dire à la fois « attendre » et « espérer » ?

On ne saurait pourtant passer sous silence les crises épisodiques qui viennent troubler cette foi, freiner ou briser temporairement cet élan.

Sans doute plus que la doctrine puritaine et ses

(6) *Land Grant Colleges :* établissements d'enseignement supérieur orientés vers la formation professionnelle, notamment agricole.

(7) Voir Horatio Alger, p. 45.

angoisses, ce sont les soubresauts de l'économie qui engendrent le plus souvent ces contre-tendances qui compromettent l'optimisme. Comme celle de 1929, la crise de 1980 jette un doute considérable dans l'opinion publique. Quand la société se bloque, quand le dollar faiblit, ou se gonfle artificiellement, quand les Etats-Unis sont contestés de l'extérieur (affaire d'Iran), quand le progrès s'arrête, quand l'Etat se fait pressant, le pessimisme éclate avec d'autant plus de violence qu'il est incongru. Quand des troubles de conscience collective (Nicaragua, esclavage, guerre du Viêt-Nam) s'ajoutent aux difficultés matérielles, la société marque le pas, et ce temps d'arrêt est ressenti comme une mise en cause de tout le système. Quand enfin des secousses violentes *(Tea-Pot Dome Scandal, Watergate)* (8) jettent le trouble dans les esprits, on en vient à se demander si le « Rêve américain » n'était pas un mirage.

La crise de l'énergie qui frappe les Etats-Unis avec plus de violence que les autres pays dans la mesure où ils sont les plus gros consommateurs du monde (9) est un violent coup de sape dont le contrecoup culturel peut être très grave. Le problème est de savoir si les conséquences en seront définitives, si elle laissera des traces susceptibles de compromettre l'optimisme. Elle est d'autant plus mal sentie qu'elle survient à une période où la population vieillit, et la baisse du taux de natalité est à cet égard révélatrice : les Américains ont moins d'enfants, entre autres raisons, parce qu'ils ont moins confiance en l'avenir. Les immigrants légaux sont moins nombreux et les émigrants plus nombreux que par le passé, la terre est

(8) *Tea-Pot Dome Scandal :* affaire de corruption mettant en cause les responsables de la nation (1924) ; *Watergate :* scandale où le Président Nixon fut impliqué (1972).

(9) 6 % de la population mondiale, 30 % de la consommation.

plus occupée (mais loin d'être saturée) et la démocratie américaine se heurte à de nouveaux murs (Moyen-Orient, Amérique du Sud, Afrique, etc.).

Si cette crise d'optimisme devait s'établir de manière durable, latente, si l'effet Reagan devait faire long feu, il est vraisemblable que la culture américaine connaîtrait une de ses premières déviations sérieuses, et que, l'optimisme s'estompant, plusieurs autres caractères nationaux qui vont de pair avec lui s'en trouveraient altérés.

La flexibilité. — La flexibilité sociale apparaît à la fois comme une cause, comme une conséquence et comme une justification de l'optimisme : on n'hésite pas à changer de métier, de résidence ou de religion pour améliorer sa condition, et ceci dans toutes les classes, à des degrés plus ou moins divers suivant les périodes.

A l'époque coloniale la flexibilité était de règle (10), sauf peut-être en Nouvelle-Angleterre pour tous ceux qui n'appartenaient pas à l'Eglise puritaine, et bien sûr pour les Noirs dans le Sud.

Elle apparaissait tout d'abord dans le domaine professionnel. On exerçait successivement ou simultanément plusieurs métiers — c'est encore le cas aujourd'hui (11) — et on en changeait d'autant plus facilement que les professions étaient loin d'être définies. Les professions libérales en particulier ne le furent que très tardivement. Le médecin pouvait ainsi être maître d'école ou botaniste, juge ou homme de loi quand il n'était pas ecclésiastique. C'était une société de déspécialisation dont les membres devaient

(10) Jefferson fut architecte, écrivain, philosophe, politicien, scientifique, géomètre, ambassadeur, pédagogue, musicien.

(11) Aujourd'hui encore les Américains considèrent rarement que leur orientation, leur carrière sont définitives.

pouvoir varier leurs occupations dans un système autarcique. Chacun était ce qu'il voulait être à condition d'être reconnu comme tel. Il n'y avait pas d'écoles spécialisées et les juges pittoresques rendaient la justice d'après leur propre code. Le colon et son successeur, l'homme de l'Ouest, devaient être des touche-à-tout ; ils ont légué à leurs descendants cette adaptabilité qui était la leur. Le manque de main-d'œuvre qualifiée entretenait cette souplesse professionnelle ; dès lors qu'on exerçait un métier utile, on était assuré de réussir pourvu qu'on accepte de se déplacer ou d'en changer.

Les nouveaux immigrants poussaient vers le haut ceux qui les avaient précédés et accéléraient encore le processus. La société se caractérisait, et c'est encore le cas dans une large mesure, par une mobilité forcée. Le taux de natalité, traditionnellement moins élevé dans les classes aisées, ouvrait encore l'éventail des possibilités de promotion et le mouvement vers l'Ouest eut pour effet de libérer des emplois dans les grandes villes, puis, après 1880, d'aspirer les immigrants vers l'intérieur.

Au fur et à mesure que les rouages sociaux se compliqueront, que le travail se divisera pour se spécialiser, la flexibilité tendra à se réduire, mais restera considérable. Certaines professions seront plus lucratives, d'autres plus respectables, d'autres plus pénibles, et les classes sociales se figeront un peu, tout en restant plus mobiles qu'ailleurs.

La foi dans l'éducation comme accélérateur social et moyen de promotion se combine avec les possibilités offertes par la croissance et l'expansion géographique. La formation continue, la possibilité d'entreprendre presque indéfiniment des études nouvelles, la discrétion (en partie retrouvée sous Reagan) du cadre administratif renforcent aujourd'hui cette mobilité. L'ouverture par l'éducation n'est pas totale : les Noirs ne disposent généralement que de médiocres écoles de ghetto, et la promotion des groupes ethniques est lente, mais une société de couleur s'est développée à côté de la société blanche, qui est au moins aussi mobile qu'elle.

La mobilité professionnelle est entretenue par la mobilité géographique. On se déplace beaucoup, même quand on est âgé : la caravane remplace alors souvent la petite maison. Les familles sont dispersées, les enfants s'inscrivent dans des universités éloignées, et les racines s'arrachent aisément. Le « Grand Tour » qui, au début du siècle, conduisait les Américains aisés vers l'Europe n'est plus une formalité indispensable, mais les voyages éclair au pays des ancêtres, les visites accélérées et fréquentes de pays lointains se généralisent.

Les partis politiques ne sont jamais prisonniers d'une idéologie figée dans ses détails, et leurs courants désordonnés changent en fonction des lieux, des époques et des données. La Constitution, document vénéré s'il en est, est tout le contraire d'un texte rigide : des amendements permettent de la modifier pour l'adapter aux circonstances si bien que les « Pères fondateurs » ont su donner à leur démocratie une base souple et mouvante.

Les différentes dénominations religieuses ne sont le plus souvent que des « variantes » du protestantisme, on passe facilement de l'une à l'autre et on trouverait sans mal une multitude d'exemples prouvant l'omniprésence de la flexibilité. Aucune barrière de caste, idéologique ou religieuse ne limite l'évolution.

Il est cependant tout à fait clair que la flexibilité se trouve de temps à autre mise en question : elle est aujourd'hui nettement moins vivante qu'au XIXe siècle. Il n'est guère surprenant qu'une société s'ankylose en vieillissant. La centralisation, les regroupements économiques ont eu dans ce domaine une action pétrifiante. Il est exact qu'on a parfois exagéré le rôle de la mobilité, et notamment au XIXe siècle : bien que l'immigration, la tradition égalitaire, le développement industriel aient favorisé le processus, la grande majorité des barons d'industrie étaient les enfants d'industriels puissants (12). Les brillantes exceptions comme Carnegie ou Rockefeller contribuèrent quelque peu à leurrer une population friande de merveilleux, soucieuse de se prouver à elle-même que chacun pouvait accéder au sommet. C'est en fait au sein de l'immense classe moyenne que la mobilité sociale est la plus forte et les thèmes d'Horatio Alger relèvent davantage de la fiction que de la réalité commune (13).

Vance Packard montre bien ce ralentissement progressif d'une tendance traditionnelle qui se fonde probablement trop sur un mythe. La spécialisation grandissante interdit l'accès du plus grand nombre aux postes clés qui exigent une formation solide ; la formation technique fixe le niveau que l'individu aura du mal à franchir ; la poussée bureaucratique cloisonne les ouvriers — chez qui la mobilité n'a jamais eu beaucoup d'amplitude —, les décideurs et les patrons : les syndicats gèlent le monde du travail en opérant des classifications pour mieux le défendre ; l'héritage familial trouble l'image de l'égalitarisme (14).

Ce qui demeure pourtant, c'est une tradition, une aspiration, un souvenir, une foi dans les vertus d'une souplesse qui est à la fois source et aboutissement de l'égalitarisme, refus des cadres et des castes. Si, de nos jours, la société se solidifie aux deux extrémités,

(12) « Toutes les études de sociologie historique montrent une continuité remarquable chez les dirigeants du monde des affaires et leur famille » (J. Rivière, *Le monde des Affaires aux Etats-Unis*, A. Colin).

(13) Cet auteur connut un grand succès en décrivant l'ascension sociale de jeunes gens pauvres mais vertueux *(From Rags to Riches, From the Log Cabin to the White House)*.

(14) Vance Packard, *The Status Seekers*, p. 261 et suiv.

la classe moyenne reste souple, et chacun peut, en fonction de ses forces et de ses faiblesses, s'attendre à gravir ou à descendre l'échelle sociale plus rapidement qu'ailleurs.

Le Facteur Mouvement. — On désigne sous le terme de « M Factor » cet élément de la culture américaine qui lui donne son aspect de perpétuelle agitation, ou d'incessante activité (15). L'expression trouve son origine dans la théorie de Turner. C'est un des visages de la flexibilité. Contrairement à ce qui se passe pour certaines cultures qui ont érigé la contemplation en système, les notions de progrès et de mouvement sont omniprésentes. Jules Romains l'avait bien noté : pour les Américains « toute installation est provisoire » (16).

Le nombre de maisons mobiles *(mobile homes)* qui permettent de satisfaire ce besoin, le peu d'importance de la maison signe de continuité ne sont que les plus quotidiens des exemples.

Comme on le sait, les Américains déménagent fréquemment et le mouvement vers l'Ouest n'est pas terminé, loin de là. Certaines grandes villes du Nord-Est et du Middlewest voient leur population décroître assez considérablement entre 1970 et 1980 (Saint Louis, — 27,2 %; Cleveland, — 23,6 %; Detroit, — 20,5 %; Philadelphie, — 13,4 %) au profit de villes de l'Ouest (Phœnix, + 31 %; Houston, + 29,2 %; San Diego, + 25,5 %; San Antonio, + 20 %).

Les Etats-Unis sont, bien sûr, le pays de la roue. L'univers routier est un monde à part où l'automobiliste, lancé sur ces gigantesques *turnpikes*, vit dans un autre monde fait pour le mouvement. Il peut vivre dans sa voiture, tirer des chèques, déjeuner, aller au

(15) « Ce qui nous a rendus et maintenus différents des autres, ce n'est pas seulement le vide du continent américain ni ses espaces vastes et vides, ni même la richesse de ses ressources, quelque fortes qu'aient pu être ces influences. Non. Ce fut d'abord le Facteur M : le Facteur Mouvement, migration, mobilité... Francis Lieber a dit qu'en Amérique il se sentait comme attaché aux ailes d'un moulin à vent. Pour lui le mouvement était devenu notre "tâche historique" » (George W. Pierson, The M-Factor in American History, *American Quarterly,* XIV, 1962).

(16) Jules Romains, *Visite aux Américains.*

cinéma sans descendre. La voiture est certes une projection de l'individu, un reflet de sa puissance, une image de sa réussite, mais c'est avant tout le symbole du mouvement.

On remarque souvent la manière dont les Américains voyagent en général pour « aller » dans un lieu plutôt que pour y « être ». Ils couvrent des distances énormes en des temps records, habitués qu'ils sont aux grands espaces. C'est un peu comme s'ils retrouvaient le temps d'un voyage leur vocation première qui est d'aller de l'avant. Leurs capacités d'adaptation sont considérables, et ils se comportent un peu partout comme s'ils étaient aux Etats-Unis, ne trouvant dans les milieux différents qu'ils sont appelés à voir que l'image un peu rétrécie de leur pays. La longue pérégrination des Mormons à travers le Middlewest s'inscrit bien dans cette ligne : le mythe de la fuite en Egypte se retrouve dans leur marche entre Cumorah, Nauvoo et Salt Lake City comme il se retrouve dans la recherche de la Terre promise qui guidait immigrants et pionniers.

Hollywood est un autre signe, tout aussi clair : le cinéma, dont les images mouvantes reproduisent le mouvement de la vie y a gagné ses lettres de noblesse. La langue elle-même est une langue agitée, pressée : les noms deviennent des verbes pour transformer l'objet en acte (*to date*, donnez rendez-vous), on modifie l'orthographe pour gagner du temps *(thru* pour *through*, *tonite* pour *to night)*, on abrège sans cesse *(a medic*, *to baby-sit)*, la syntaxe est laxiste et les sigles abondent. Le téléphone permet d'être à la fois chez soi et au-dehors, et la télévision projette ses images dans les maisons, même quand elles sont vides. On va jusqu'à dire que les Américains bougent même en dormant, puisque le fauteuil à bascule est une invention locale...

On verra dans ce besoin de bouger la représentation d'une obsession culturelle. Pour J. O. Hertzler, c'est l'expression d'un besoin de se soustraire à la dictature d'autrui, qui est facilitée par l'immobilité : l'Etat gère moins aisément un individu qui se déplace qu'une famille sédentaire. La rupture des attaches est le premier pas vers la liberté.

On ne peut cependant oublier que certaines avant-gardes s'adonnent maintenant à la vie contemplative. C'est probablement une réaction contre cette agitation lassante, contre cette vie artificielle, extérieure, où l'individu doit toujours « faire » quelque chose pour n'être jamais seul en face de lui-même. Cette réaction marginale, contestataire et les échos qu'elle éveille montrent bien la réalité du phénomène contre lequel elle se pose.

Dans une période de crise comme celle que nous connaissons depuis 1980 il est vrai que le mouvement s'endort, un peu comme s'engourdit la vie collective. Les crédits pour la recherche, qui sont annonce de nouveaux départs, ont beaucoup baissé, tout en restant considérables dans l'absolu. Il semble pourtant que, plus qu'un véritable signe de vieillissement, ce soit là un incident temporaire, conjoncturel et que, la crise surmontée (ou passée ?), le mouvement doive reprendre ses droits, peut-être aux prix d'une modification de sa nature.

La civilisation américaine a toujours été « une course en avant » ; cette expression regroupe en effet plusieurs notions fondamentales : désir de compétition, mouvement, précipitation parfois un peu aveugle, projection dans l'avenir, non-retour sur le passé, multiplication et accumulation d'expériences diverses.

Cette course est rendue indispensable par la nature du système économique, le dynamisme et la religion de l'action. C'est d'abord une course individuelle, comme disent les sportifs, à laquelle chacun se doit de participer pour donner le meilleur de lui-même et se classer suivant ses mérites personnels et la qualité de sa préparation.

CHAPITRE III

L'INDIVIDUALISME

Ce mot, dont l'utilisation s'est répandue depuis le milieu du XIXe siècle, signifie aux Etats-Unis « affirmation des droits de la personne et du groupe contre l'organisme » et, par extension, « protection des petites entités culturelles contre les grandes ». L'individualisme est né avec les Pères pèlerins qui, après 1620, voulurent fuir l'oppression des gouvernements européens. Il est complémentaire du pluralisme qui veut que toutes les idées, toutes les tendances puissent s'exprimer et se réaliser et qui garantit l'égalité des chances individuelles, que ce soient celles du citoyen, celles du groupe ou de la zone culturelle. L'individualisme s'exprime par le volontariat qui permet à chaque homme, à chaque groupe de s'intégrer à la collectivité nationale sans renoncer à sa personnalité et à son pouvoir de choix, un peu comme le fédéralisme, qui est un individualisme institutionnel, permet à chaque Etat de s'intégrer à la fédération sans entamer son originalité culturelle et ses droits considérés comme inaliénables.

Le pluralisme. — La première manifestation du pluralisme, c'est probablement le sectionnalisme qui n'a que peu de points communs avec notre « régionalisme » ou notre « provincialisme ». C'est d'abord le sentiment d'appartenir à une « section », c'est-à-dire à un ensemble de régions géographiques, historiques, culturelles, économiques dont les modes de vie et de pensée ont assez de points communs pour les unir. La notion historique de province n'existe pas aux Etats-Unis mais il est néanmoins curieux de voir comment ces « hommes nouveaux » dont le seul lien était à l'origine leur désir de vivre autrement, de rompre avec une société qu'ils jugeaient opprimante, en sont peu à peu arrivés à recréer des groupes relativement homogènes au sein de la collectivité nationale. On a pu très tôt souligner la différence des tempéraments en fonction des lieux de résidence : les gens de l'Ouest, dont l'esprit apporta aux Américains beaucoup de leurs traits marquants (1), diffèrent beaucoup des Yankees et des Sudistes.

Jefferson voyait ces derniers comme « passionnés, voluptueux, indolents, instables, généreux, sincères, naïfs » alors que les Nordistes étaient « froids, sobres, laborieux, persévérants, intéressés, chicaneurs » (2). Il est vrai que Jefferson était sudiste...

A l'époque coloniale certains groupes (Puritains, Quakers, etc.) vivaient et sentaient de manière très différente. Le Middlewest est conservateur, le Texan est, dit-on, galéjeur. Le sens de l'appartenance se retrouve dans des groupes très divers (club, école, communauté, Eglise) qui sont autant de foyers d'individualisme assez marqué pour que leurs membres se sentent solidaires.

Le sectionnalisme a relativement bien résisté aux forces réductrices, qu'elles soient politiques, écono-

(1) On dit parfois à juste titre que la Californie et depuis quelques années le Texas présentent tous les caractères traditionnels des Etats-Unis, qu'ils sont l'Amérique d'hier et de demain.

(2) Lettre au marquis de Chastellux.

miques ou autres. Les chemins de fer et aujourd'hui l'avion ont ouvert des voies de civilisation, d'unification, de normalisation. L'urbanisation a estompé l'originalité des sections en créant, à partir de l' « Homme nouveau » de Crèvecœur, un nouvel homme nouveau, l'Américain des villes, dont les caractères se retrouvent plus ou moins d'une section à l'autre. Les lois réglementant le commerce entre les Etats ont aussi contribué à cette unification du pays tout comme l'école, qui, malgré son pluralisme traditionnel, présente à peu près partout le même éventail de connaissances et le même modèle. Les grandes tendances culturelles qui se retrouvent à travers le pays rendent compte de ce nivellement ; quelles que soient les aspirations de la population et la réalité du sectionnalisme, il existe un patrimoine collectif, un plus petit dénominateur commun national.

Pourtant, comme les paysages changent d'une section à l'autre et à l'intérieur de chaque section, la langue, véhicule de la culture, témoigne de la diversité régionale (3).

Le pluralisme se manifeste dans des domaines très divers parmi lesquels il convient de citer d'abord les institutions politiques qui varient dans l'espace et dans le temps comme le veut une constitution fédérale très laxiste. Il est en effet particulièrement difficile d'atteindre sur des points de détail un consensus national dans un pays aussi vaste, aussi divers (esclavage ou non, droits de douane élevés ou modérés, droit de vote pour les femmes, pour les Noirs, etc.).

Comme la fédération, chaque Etat a sa propre constitution, la seule restriction étant que celle-ci ne peut contredire la première. La diversité de ces constitutions témoigne de l'individualisme des

(3) Voir à ce sujet G. J. Forgue et R. I. David Jr., *La langue des Américains*, Aubier-Montaigne, chap. III.

Etats : celle du Nebraska ne prévoit qu'une chambre, certaines autorisent les loteries et d'autres pas, la durée des mandats électifs varie tout comme l'âge de la majorité. Les pouvoirs accordés à chaque Etat restent en effet très importants en vertu du dixième amendement. L'administration locale, l'éducation, le divorce et le mariage, le système électoral échappent à l'autorité fédérale et relèvent, dans une large mesure, des autorités locales.

Tout ceci naît en fait de la tolérance qui trouve sa source dans la cohabitation forcée de diverses ethnies : le droit à la diversité est reconnu dans de nombreux secteurs et en particulier dans le domaine religieux. L'Eglise catholique est nettement moins monolythique qu'ailleurs, et les autres dénominations sont franchement pluralistes. Les sectes et les Eglises se multiplient et varient à l'intérieur d'elles-mêmes d'un lieu à l'autre : les Unitariens ne sont pas du tout les mêmes à Boston et à Chicago et les Congrégationnalistes revendiquent cette autonomie pour chaque Eglise protestante.

Bien qu'on ait parfois voulu utiliser l'école pour uniformiser, et qu'elle joue indéniablement un rôle unificateur, elle est nettement plus diverse que dans d'autres nations.

Benjamin Rush a bien essayé de créer une université nationale, mais en vain : l'opinion publique tient à la liberté de l'enseignement et les *Liberal Arts Colleges* sont généralement très autonomes comme le sont aussi dans une large mesure les universités d'Etat. L'initiative privée joue un grand rôle et les associations de parents d'élèves (PTA) contribuent à diversifier l'enseignement : sujets, méthodes, obédience religieuse, financement dépendent des organismes locaux, publics ou privés.

La diversité de la population s'est encore accrue dans la seconde partie du XIXe siècle lorsque la *New Immigration* a remplacé la *Old Immigration*. Ce n'étaient plus des Européens de culture assez voisine qui arrivaient désormais, mais des gens du monde entier : Asiatiques, Indiens, Africains, Orientaux se sont ainsi trouvés jetés dans une société pluraliste dont ils ont encore accru la diversité.

L'absence d'éléments unificateurs tels que l'Eglise catholique, relativement longue à se structurer, ou la Couronne britannique, ou une hiérarchie sociale établie de longue date, favorise encore le processus d'éclatement.

Tout ceci fait que les tendances centrifuges l'emportent nettement sur les tendances centripètes. La lutte entre ces deux forces, qui est une constante culturelle, est parfois confuse et souvent vive lorsque le pouvoir fédéral s'efforce cycliquement de normaliser ; l'opinion réagit alors énergiquement comme lorsque Jimmy Carter essaya — ce n'est qu'une anecdote, mais elle est révélatrice — de limiter la vitesse sur les autoroutes du pays tout entier. Son acte fut pris comme une atteinte au pluralisme et retenu contre lui.

Il s'agit d'une « guerre culturelle » interne, en miniature, d'un harcèlement perpétuel qui risque parfois de déboucher sur l'expansionnisme : les Yankees ont essayé de phagocyter les Sudistes, la classe politique de Washington tente de diriger la nation, ce que, bien sûr, refuse l'opinion publique.

Le pouvoir des grandes villes s'affirme, les hôtels des grandes chaînes sont identiques sur l'ensemble du territoire et deviennent des refuges aseptisés pour hommes d'affaires aveugles au spectacle de la diversité, les supermarchés vendent les mêmes produits, on distribue les mêmes films, les mêmes émissions de télévision, les mêmes livres, et l'uniformisation grandissante agit comme une tache qui recouvre de plus en plus le patchwork culturel.

Ces velléités unificatrices échouent pourtant régulièrement devant la méfiance qu'éprouvent toujours les Américains à l'égard de tout ce qui rappelle la concentration monopolistique et l'anéantissement des « petits ». L'édition et l'école restent décentralisées tout comme l'information. La Californie et le Texas sont désormais aussi vivants que les grandes mégalopoles de la côte est, l'initiative locale est florissante, et les principes fédéralistes restent intacts. Le triomphe électoral de Reagan et de son programme décentralisateur exprime tout à fait l'aspiration du plus grand nombre au pluralisme.

L'égalitarisme. — Lorsque les Américains parlent d'égalitarisme ils veulent dire non pas que tous les hommes sont nés égaux, ni que tous doivent vivre sur un pied d'égalité, mais bien que tous doivent avoir au départ les mêmes chances d'utiliser leurs aptitudes comme ils le souhaitent, au mieux de leurs intérêts. La fonction première du gouvernement est de veiller à ce que ce principe soit respecté (4) car il ne peut — et ne doit — pas essayer de promouvoir l'égalité absolue entre les citoyens.

Les théories de Darwin qui supposent l'inégalité des conditions de départ ne contredisent pas cette vérité énoncée par Jefferson : la vie en société est une lutte permanente qui doit être moralisée par l'Etat afin que les favorisés et les puissants n'interdisent pas aux faibles de profiter de leurs chances.

Les Etats-Unis se sont trouvés dès leur origine dans une situation qui favorisait la mise en place d'une société égalitariste de ce type. L'abondance des terres vierges n'était pas étrangère à cet état de choses car chacun pouvait se « ruer » vers l'ouest pour prendre sa part. La Frontier rétablissait généralement l'égalité au sens américain du terme, quand la société de l'Est compromettait son existence. La loi assurait l'égalité de tous les citoyens et, progressivement, tous les Américains devinrent en théorie des citoyens (les

(4) « Les hommes ne sont pas nés égaux ; ils sont nés avec des DROITS égaux » (R. J. Ringer, *Restoring the American Dream*, Fawcett, 1980, p. 32).

Blancs pauvres, puis les Noirs, les femmes et les Indiens). Le jugement par jury protège l'individu contre l'oppression d'une caste, les privilèges n'ont existé que pendant de courtes périodes, et la religion de l'éducation favorise la mise en vigueur du principe égalitariste. On pourrait donc s'attendre à ce que la société américaine soit parfaitement « égalitaire » (au sens américain) si elle ne peut — ou ne veut — promouvoir l'égalité entre ses membres. Or il se trouve que l'histoire, si elle rend compte des efforts réalisés dans ce sens, révèle aussi certains échecs retentissants.

John Cotton posait déjà le problème de savoir si son pays devait être une démocratie fondée sur l'égalité des responsabilités : « Si le peuple gouverne, disait-il, qui sera gouverné ? » Bernard voulut créer une noblesse dans le Massachusetts et certains privilèges virent le jour dans les colonies.

En Nouvelle-Angleterre les pauvres n'avaient pas le droit de porter les mêmes vêtements que les riches, la société sudiste s'appuyait sur l' « aristocratie » des planteurs. Le titre de *Goodman* était réservé aux artisans et celui de *Goodwife* à leur épouse (5). Dans le Sud seuls les gentilshommes avaient le droit d'organiser des courses de chevaux, et en Nouvelle-Angleterre les riches avaient une place réservée en haut de l'église alors que les pauvres se tenaient debout, symboliquement, près de l'entrée (ou de la sortie !).

Si le système britannique semblait être en passe de s'instaurer, il y avait pourtant aux Etats-Unis un point frappant : les critères d'aristocratie n'étaient pas familiaux mais professionnels ou temporels, l'antériorité d'arrivée conférant une responsabilité toute particulière. Les privilèges et la naissance ne venaient donc pas comme ailleurs fausser l'égalité des chances. Plus le métier exercé par un individu était considéré

(5) Aujourd'hui encore les Américains utilisent volontiers les titres professionnels (Professor, Doctor) et honorifiques (Grand Maître Ouvrier, Grand Sorcier, etc.).

comme utile à la communauté, plus ses vertus de citoyen étaient reconnues, plus ils conféraient de noblesse. On accédait à une classe en vertu de ses mérites et non pas en vertu de sa famille.

Une société franchement inégalitaire naquit pourtant simultanément dans le Sud où les *Absentee Owners* résidant en Angleterre envoyaient leurs enfants dans les meilleures écoles tandis que la situation des pauvres Blancs n'était guère plus enviable que celle des Noirs. Mais dans l'ensemble du pays les conditions favorables aux principes égalitaristes se trouvaient globalement remplies.

Plus tard, au XIXe siècle, le critère de l'argent vint peu à peu compromettre la continuation du système. La classe moyenne vit encore grossir ses rangs ; il fut de plus en plus difficile d'en sortir. La promotion interne s'y faisait aisément, mais les frontières qui la séparaient de la classe des riches et de celle des pauvres se fermèrent, peut-être pour la première fois. Le « capitalisme populaire » vise, dit-on, à mieux partager la richesse en permettant aux ouvriers d'acquérir des actions (on dit que General Motors appartient à plus d'un million de personnes) et les classes moyennes jouent en bourse. Mais en réalité la richesse reste mal répartie (6). Des poches de pauvreté existent çà et là, et elles sont d'autant plus évidentes qu'elles sont enclavées dans l'opulence (7).

L'école continue à promouvoir l'égalité des chances, mais avec moins d'efficacité qu'on pourrait espérer. Chacun peut faire valoir ses talents dans les grandes universités d'Etat, mais la rareté des débouchés pose problème : les relations comptent désormais plus que les diplômes pour obtenir un emploi. La sélection

(6) Le dixième de la population possède le tiers des biens.
(7) Voir M. Harrington, *The Other America*, NY, Penguin Books, 1964.

s'opère sur deux critères discutables : les aptitudes supposées (mais surtout les connaissances acquises, ce qui écarte les étudiants issus de milieux pauvres) et l'argent. Les universités riches louent les meilleurs enseignants pour mieux se vendre auprès des étudiants, et la libre entreprise ne semble pas jouer pleinement son rôle. Quelle égalité des chances peut-il y avoir entre le Noir inscrit dans une classe pléthorique de ghetto et le Blanc qui suit un séminaire dans une université de la Ivy League (8), du MIT ou de Caltec ? L'argent, la religion parfois, la famille fréquemment compromettent désormais l'égalité des chances.

Les Etats-Unis ne sont pas une société sans classe et ne doivent pas le devenir s'ils veulent respecter les principes fondamentaux. Dans un pays capitaliste et puritain, la propriété et le succès sont des critères de classification sociale, et la bienfaisante concurrence veut que certains réussissent mieux que d'autres en fonction de leurs mérites, de leurs dons ou de leur chance. Le système débouche ainsi naturellement sur l'inégalité des résultats. Seules 38 000 familles figurent au *Bottin mondain (Social Register)*, et c'est un honneur que d'être dans le *Who's Who ?*. Il existe une élite politique à Washington et, dans les grandes villes, une élite sociale (Beacon Hill à Boston, Hollywood à Los Angeles, Park Avenue à New York) ainsi qu'une élite économique (Wall Street) à côté d'une élite intellectuelle. Les grandes familles (Ford, Kennedy, Rockefeller), les cliques, le *jet set*, les *country clubs* témoignent de cette stratification tandis qu'à l'autre bout de l'échelle les minorités doutent à juste titre de l'égalité des chances.

L'égalitarisme reste pourtant un thème fondamental puisque tous s'y réfèrent et en particulier les « Libertariens » qui se sont érigés en parti politique. S'ils sont chauds partisans de l'égalitarisme, ils considèrent l'égalité comme un leurre car elle s'oppose à la liberté qui compte seule à leurs yeux. Si les gens sont libres ils ne peuvent être égaux car l'égalité ne peut se réaliser que dans la contrainte, par l'action

(8) Nom donné aux huit universités les plus prestigieuses.

du gouvernement ou de l'Etat (9) dont ils refusent de laisser croître le pouvoir. Le rôle unique de l'Etat, c'est d'assurer l'égalité des droits et des chances, sa seule fonction, c'est de garantir la liberté de chacun contre celle des autres. Dans une bonne société, si tous ont des chances égales et si l'Etat remplit son rôle unique de manière satisfaisante, les meilleurs réussiront et les situations ne seront donc plus égales.

Les Libertariens vont encore plus loin dans ce sens tout en restant logiques avec eux-mêmes. Ils contestent la redistribution autoritaire de la richesse et la solidarité imposée, qui est pour eux aux antipodes du système américain : la redistribution ne doit se faire que si le créateur de biens et celui qui possède le désirent (charité), jamais parce qu'on la leur impose (solidarité réglementée, socialisme).

L'un des paradoxes, c'est donc qu'une société « égalitariste » au sens américain du terme débouche nécessairement sur une société inégalitaire quant à ses résultats. La progression des plus travailleurs, des plus chanceux, des plus doués vers le bien-être matériel se trouve compromise par l'étatisation, et le respect de la liberté peut seul permettre l'apparition de cette élite dynamique dont l'action est indispensable au plus grand nombre.

Le libéralisme (10). — Les Etats-Unis furent créés à partir de l'idée de liberté. Leurs fondateurs surent fournir cet « effort des classes moyennes pour sortir de la gangue des sociétés traditionalistes et absolutistes » (11), qui, pour M. Flamant conditionne le libéralisme.

(9) « La garantie de la sécurité et de l'égalité est incompatible avec la liberté » (R. J. Ringer, *op. cit.*, p. 331).

(10) Nous prenons ici le terme dans son sens français : il suppose la non-intervention de l'Etat dans les affaires privées.

(11) M. Flamant, *Le libéralisme*, « Que sais-je ? », n° 1797, p. 15.

Le libéralisme s'appuie sur l'individualisme, sur l'égalitarisme dans son sens américain et sur le pluralisme : le progrès est régi par l'intérêt individuel et l'égalité des chances permet à chacun d'exercer ses talents dans un cadre où tous peuvent s'exprimer. Il va sans dire que le protestantisme est une religion idéale pour le libéralisme : il donne l'exemple en laissant l'homme seul devant Dieu, libre de ses choix et de ses « contrats ».

La libre entreprise rejette l'emprise bureaucratique, l'interventionnisme d'Etat. La décentralisation s'instaure par cercles concentriques aussi indépendants que possible les uns des autres ; l'individu reste libre dans la petite ville qui garde jalousement ses pouvoirs contre les débordements du comté, qui se défend contre l'Etat qui, lui, se défend contre le pouvoir fédéral. La petite entreprise prend ses distances par rapport à la grande, et toutes deux surveillent attentivement des pouvoirs publics trop enclins à leur dicter leur conduite, notamment pour tout ce qui concerne les relations sociales. Chacun peut créer une banque, une école, une secte. L'individu se retrouve dans sa création, et la société le reconnaît en elle puisqu'elle lui confère un statut social en fonction de sa réussite, de son utilité. La libre entreprise triomphe lorsque cohabitent harmonieusement Exxon, General Motors, la petite entreprise familiale, l'école expérimentale, la secte ésotérique et la Ford Foundation qui fait la charité.

Il est vrai que le nombre des entreprises a tendance à diminuer légèrement au fil des ans et avec lui le pluralisme : la liberté d'entreprendre et le dynamisme reculent devant la prudence lorsque d'énormes trusts occupent le marché ; le capitalisme populaire, fleuron du libéralisme, est moins vivace qu'on le dit, mais il garde sa valeur d'idéal.

L'Etat fait confiance à l'initiative individuelle et contrôle relativement peu le marché. Il a rencontré d'énormes difficultés à chaque fois qu'il a voulu jouer pleinement son rôle d'arbitre en essayant de créer une banque ou une université nationale, voire en instaurant une monnaie unique. L'opinion publique suit les juges fédéraux garants de la Constitution pour limiter toute prétention à empiéter sur la liberté individuelle.

Les *Liberal Arts Colleges* dispensent une éducation diversifiée librement conçue et acceptée. Loin de spécialiser l'étudiant, ces universités prennent en compte sa personnalité pour lui permettre d'entreprendre librement pendant et après ses études. Elles refusent tout contrôle des pouvoirs publics et ne demandent rien à l'Etat pour rester libres de leur gestion, de leur enseignement.

Dans la vie quotidienne le libéralisme se traduit par un refus de se laisser embrigader par l'administration (12). Les hauts fonctionnaires dépendent du pouvoir politique : leur carrière est souvent courte de sorte que le service public manque d'efficacité. Les fonctionnaires sont relativement peu nombreux mais leur nombre s'accroît rapidement (13) et des idées comme la protection sociale ont du mal à faire leur chemin : comment peut-on rendre obligatoire la Sécurité sociale ? L'individu n'est-il pas assez responsable pour s'occuper de ses propres affaires ? Assurer quelqu'un d'office ne revient-il pas à le mépriser ? C'est à la libre entreprise et non pas à l'Etat de résoudre tous ces problèmes. Le *Medicare* lui-même, qui aide les personnes âgées, ou les *food stamps* (tickets d'alimentation dispensés à ceux qui ont faim) ne sont guère populaires car ils risquent d'engourdir l'indi-

(12) Les Libertariens la critiquent avec vigueur, et Reagan a été élu sur un programme visant à limiter l'étendue du pouvoir fédéral et donc son propre rôle en temps que président.

(13) En 1976 on comptait environ 15 millions de fonctionnaires dont 2 843 000 fédéraux pour une population d'environ 205 millions d'habitants. Reagan entendait réduire la bureaucratie en diminuant leur nombre (ils sont trop portés à accroître le volume des textes réglementaires pour justifier leur emploi), mais ils étaient 16 millions dont 2 875 000 fédéraux en 1983...

vidu, et une grande partie de l'argent ainsi consacré aux pauvres est utilisé pour payer les bureaucrates qui organisent sa distribution.

On se méfie des sinécures, des technocrates ; le *Spoils System* (14) du président Jackson qui multiplie les postes électifs place les responsables sous contrôle populaire. Le risque constant de ne pas être réélu, la non-permanence des emplois sont autant de conditions du libéralisme.

Le droit à la différence est naturellement reconnu, et la puissance du système est telle qu'il digère assez facilement ses propres contestataires dont la fonction est institutionnalisée : ceux qui sont en marge, c'est-à-dire à la fois dehors et dedans, justifient les institutions qui les intègrent à leur corps défendant. En tolérant ses contestataires la société américaine ne fait qu'appliquer ses propres règles (15).

La liberté de la presse n'a pas toujours été respectée (guerre d'Indépendance, grande crise, maccarthisme), mais la multiplicité des journaux (16) et des chaînes de radio-télévision (17) qui constituent le quatrième pouvoir témoigne de sa réalité actuelle. La presse et le Parti communiste n'ont, il est vrai, pas les coudées franches (18), mais, leur cas mis à part, la grande tendance libérale reste vivace bien que les rouages administratifs et les contrôles tendent à se multiplier.

Il reste encore environ 10 millions d'entreprises privées mais, s'il en naît environ 500 000 par an, il en meurt au moins autant : on peut encore entreprendre, mais il est difficile de survivre. La

(14) *Spoils System :* système des dépouilles. De nombreux emplois publics sont octroyés aux sympathisants du parti qui a remporté les élections.

(15) L'ACLU (American Civil Liberties Union) veille théoriquement sur la liberté d'expression à la fois pour l'extrême droite et l'extrême gauche.

(16) En 1984 il y avait 1 701 quotidiens et 8 000 hebdomadaires.

(17) En 1980 on comptait 8 653 stations de radio et 1 000 stations de télévision.

(18) Loi McCarran (1950) et Communist Control Act (1954).

crise de l'emploi, l'épanouissement de familles capables de bloquer certaines professions compromettent un peu plus la sauvegarde de cette versatilité qui accompagne le libéralisme.

De grands mouvements comme le *New Deal* de F. D. Roosevelt viennent parfois interrompre la tendance libérale. Issu de la crise de confiance, ou de conscience, de 1929, ce bouleversement accentua l'emprise du pouvoir central en instituant divers organismes chargés de contrôler l'économie et de réglementer les rapports entre partenaires sociaux. Mais l'Etat respecte-t-il encore leur liberté quand il arbitre les conflits et doit prendre des décisions ? Le droit au travail, le droit à la solidarité nationale ne sont pas des idées communément reçues, et les Américains furent nombreux, la crise passée, à formuler leur crainte de voir l'Etat remplacer l'initiative privée et compromettre la liberté. La Cour Suprême choisit même de refuser certaines mesures gouvernementales pour ne pas ouvrir la voie à l'intolérable dirigisme. L'administration (n'est-il pas révélateur que les Américains utilisent ce mot pour dire « gouvernement » ?) constitue une menace permanente.

Au fur et à mesure que l'industrie se concentre, que le pays s'urbanise et que l'économie fait naître des services nouveaux, le gouvernement central accentue nécessairement son action de coordination. Le développement des grandes compagnies de chemin de fer, les abus de pouvoir de certains industriels, le gonflement des trusts ont ainsi conduit à des mesures autoritaires (Supervisory Commission de 1869, Grangers' Laws de 1870, Interstate Commerce Act de 1887) qui assainissaient les pratiques des grandes sociétés et qui furent parfois considérées comme des atteintes à la libre entreprise.

Le Mouvement des Droits civils qui vise à promouvoir une plus grande égalité entre les races n'est-il pas lui aussi, paradoxalement, une atteinte à la liberté ? En instituant le principe des pourcentages (19) on porte atteinte à la liberté des employeurs. En instituant le *busing* (20) on porte atteinte à celle des parents.

La fixation des droits de douane a toujours causé des difficultés : la nécessité de protéger l'industrie s'oppose en effet à l'évangile du libre-échange et du libéralisme.

On voit que la question du rôle de l'Etat, providence, ou arbitre, ou initiateur, ou gendarme est au centre du débat sur la liberté : peut-on en limitant ce rôle garantir à coup sûr la liberté des uns et des autres ? La liberté des uns SUR les autres...

Le libéralisme, lorsqu'il est poussé jusqu'à ses limites, est autodestructeur, puisque les plus forts revendiquent le droit d'être libres de grandir toujours davantage et que les plus faibles hésitent à solliciter une assistance en abdiquant leur liberté, c'est-à-dire, pour eux, leur dignité. Tout est question de doigté, de mesure, de conjoncture. Lorsque l'Etat devient trop envahissant, comme dans les années 1930, 1960, 1970, les réactions de type reaganien ne tardent pas : le libéralisme, au sens américain du terme cette fois, c'est-à-dire la protection de la liberté du plus grand nombre par une intervention modérée, réfléchie de l'Etat, apparaît comme suspect car il réduit en fait la liberté. C'est ce jeu de balançoire entre interventionnisme et laisser-faire qui permet souvent de caractériser une couche culturelle aux Etats-Unis.

Le bénévolat. — Cette habitude, directement issue de l'individualisme, du libéralisme, du dynamisme, est ancrée dans la notion de démocratie directe héritée des premiers colons qui devaient trouver dans

(19) Les administrations doivent recruter un certain nombre de Noirs ; on se plaint parfois que cela peut conduire, pour respecter la norme, à engager un Noir non qualifié de préférence à un Blanc qualifié.

(20) Le *busing* consiste à transporter les enfants d'un secteur scolaire dans un autre par autocar pour favoriser l'intégration raciale.

leur propre rang le personnel politique et administratif nécessaire à la vie communautaire. Plus tard le pionnier dut fonder toute son existence sur l'acte volontaire, bénévole : ayant assuré sa survie et livré à lui-même il dut prendre l'initiative d'organiser la vie quotidienne et accepter de participer volontairement, sans rétribution, sans avantage autre que la reconnaissance de ses pairs, à toutes les activités qui sont habituellement du ressort de l'Etat et du gouvernement dans les sociétés plus élaborées. Comme son ancêtre qui assumait les responsabilités qu'il s'était fixées, les défis qu'il s'était lancés à lui-même, l'héritier culturel est lui aussi désireux d'agir avec les autres pour le bien commun, de participer aux actes collectifs qui sont le lot de la communauté sans faire appel aux technocrates et aux administrateurs qui, dans d'autres systèmes, supplantent l'individu. C'est ce que J. F. Kennedy résuma dans une formule : « Ne demandez pas ce que votre pays peut faire pour vous, mais ce que vous pouvez faire pour votre pays. »

Le bénévolat sort tout droit de la démocratie directe qui suppose la responsabilité individuelle et refuse de voir dans un organisme anonyme la cause de tous les échecs. A l'image de ces étudiants de Harvard auxquels on refusait un gymnase et qui en construisirent un de leurs propres mains, ils entendent accomplir eux-mêmes les actes utiles. C'est la seule manière de préserver l'autonomie des autorités locales vis-à-vis du pouvoir.

Les communautés puritaines de Nouvelle-Angleterre étaient administrées par l'ensemble des électeurs (les hommes membres de l'Eglise qui payaient des impôts), et tous avaient droit à la parole dans le *Meeting-House*, siège du gouvernement. Le rôle des laïcs dans la marche de l'Eglise était déterminant, et l'école était prise en charge par les gens de la ville ou du village. Il est inutile de chercher ailleurs l'origine de la prolifération des associations locales.

Comme le souhaitaient Jefferson et Jackson, les charges électives sont nombreuses et les mandats de courte durée pour assurer la rotation des fonctions publiques et la multiplication des responsables. Les charges politiques, mais aussi les charges administratives, religieuses, sociales sont dans une large mesure électives.

On élit non seulement le Président des Etats-Unis, les sénateurs et les représentants fédéraux, mais aussi le gouverneur, les représentants et les sénateurs de l'Etat, les politiciens et les administrateurs locaux et tout un ensemble de notables, comme les grands électeurs, les délégués aux Conventions nationales qui choisiront les candidats à la présidence, le shériff qui veille à l'ordre public, les juges qui sont pourtant indépendants du pouvoir politique et de nombreux fonctionnaires. Les Américains élisent encore les représentants des parents d'élèves, les délégués syndicaux, les dirigeants des associations. Les élections sont si fréquentes et le nombre des noms à retenir est si grand qu'elles lassent parfois les électeurs et que la participation au scrutin est souvent réduite : pour l'élection présidentielle de 1980 seuls 53,95 % des votants possibles se sont exprimés.

Contrairement à ce qui se passe dans d'autres pays, on préfère au technicien aveugle, parachuté par le pouvoir central et responsable devant lui seul, le voisin qu'on connaît bien, qui peut être moins brillant mais qu'on garde sous contrôle, au risque de favoriser la corruption.

Il faut, à côté des professionnels, un large éventail de citoyens de bonne volonté pour pourvoir tous ces postes. Ils doivent être prêts à consacrer leur temps et leurs forces à des actions non rémunérées contre, peut-être, un peu de gloire et de satisfaction. Les hommes d'affaires en vue sont friands de ces postes électifs dont certains, comme ceux des *trustees* chargés de l'administration des universités ou des musées, sont fort prestigieux.

La prolifération des sociétés et des clubs est également révélatrice de cette aptitude au volontariat. De grands clubs comme le Rotary, les Lions, les Elks, les Kiwanis et les Soroptimists rassemblent ceux qui veulent se retrouver par plaisir, par intérêt ou qui veulent mener une action spécifique. Rares sont les rieurs quand les membres de certains de ces clubs, gens respectables, connus et parfois ventripotents, défilent dans la rue principale déguisés en princes des mille et une nuits, portant babouches et brandissant des croissants de lune. Ils contribuent au bien-être de tous en distribuant des bourses aux étudiants, en aidant les déshérités, en organisant des manifestations culturelles ou patriotiques. Ces volontaires suppléent l'Etat auquel il n'appartient pas selon eux de mener à bien ce type d'action.

Les associations ont des fonctions très diverses. Certaines sont liées au maintien de la tradition : ce sont les associations religieuses des différentes paroisses, dénominations ou Eglises, les associations patriotiques comme l'American Legion, les Sons of Liberty ou la Lincoln Birthday Society, les associations politiques, généralement conservatrices comme la John Birch Society, ou nativistes comme le Ku Klux Klan qui est maintenant aussi anticatholique et anticommuniste que raciste. Certaines forment des castes impénétrables comme les Sons of the American Revolution, les Daughters of the American Revolution, les Colonial Dames of America ou les Mayflower Descendants. D'autres ont une vocation civique ou sociale comme les Fund Raising Associations qui font des collectes pour les immigrants, les déshérités, les handicapés ou les causes nationales, d'autres enfin regroupent des gens qui apprécient les mêmes loisirs (cercles de bridgeurs, sportifs, collectionneurs), les jeunes (YMCA, YWCA, 4 H Clubs d'origine rurale) ou les parents d'élèves et les enseignants. Les clubs de femmes sont extrêmement nombreux, et il existe une fédération nationale pour les regrouper (General Federation of Women's Clubs). Ces associations peuvent faciliter la promotion sociale, ou l'entériner, elles servent parfois de tremplin professionnel et social

(Boosters' Clubs) et effectuent souvent la sélection de ceux qui briguent une meilleure place. Comme elles lancent des passerelles, elles peuvent aussi dresser des barrières entre les groupes sociaux (21).

Les *social workers* sont des assistants sociaux professionnels rétribués par des associations privées ou l'Etat, ou des bénévoles particulièrement sollicités dans les ghettos et en période de crise. Les jeunes volontaires du Peace Corps vont aider les habitants de pays sous-développés avec une grande générosité sans toujours se rendre compte qu'ils participent à une entreprise nationale d'expansion culturelle et commerciale. Les associations charitables *(charities)* prolifèrent : on donne quand on veut, quand on peut, et les fonds recueillis de cette manière sont toujours considérables.

Les « barons voleurs » ou *tycoons*, tous ces grands capitaines d'industrie du XIXe siècle et leurs descendants, participent à cette action bénévole. Les Carnegie et les Rockefeller rivalisent de générosité, de bienveillance à la fin de leur vie. Ils sont entrés dans la légende en tant que créateurs d'emplois, mais aussi comme bienfaiteurs de l'humanité. Les *foundations* qu'ils ont subventionnées distribuent encore des aides, des bourses, financent des hôpitaux (qui portent leur nom), des chaires de professeurs, des prix pour les chercheurs, l'achat de collections pour les musées nationaux ou privés. Le Guggenheim Memorial Fund est un exemple caractéristique de ce bénévolat. Les Fondations créées par Ford ou Carnegie perpétuent le nom de leur créateur et contribuent à en faire un héros national : la générosité dont ces milliardaires ont fait preuve sur le retour fit quelque peu oublier les turpides de leur ascension.

Le fédéralisme. — C'est, pourrait-on dire, la transposition de l'individualisme, du libéralisme et du

(21) Voir à ce sujet W. L. Warner, *Structure of American Life*, Edimbourg University Press, 1952, p. 161-180.

pluralisme au plan politique en même temps qu'une nouvelle illustration du paradoxe du pionnier qui reste individualiste dans son grégarisme. Les Etats-Unis sont une fédération constituée d'Etats qui se comportent un peu comme des individus acceptant librement leur union tout en conservant parallèlement leur liberté dans un grand nombre de domaines et qui ne renonceraient jamais à leur originalité tout en se fondant au sein du groupe (22).

Il suffit de regarder la manière dont le fédéralisme est né en Amérique, longtemps avant les Etats-Unis, à l'époque coloniale, puis la façon dont il s'est développé et transformé au fil des années et des controverses, des embûches et des violences pour comprendre tout ce qu'il représente pour les Américains (23).

La nation s'est créée à partir de colonies relativement diverses dans les domaines de la démographie, de la religion, de l'économie, de la philosophie, de la pensée politique, et qui se heurtaient fréquemment pour des questions d'intérêt matériel, mais aussi en vertu de la loi qui veut que les civilisations soient expansionnistes, même lorsqu'elles sont à l'état naissant. Aux Etats-Unis aucune de ces microcivilisations ne l'a emporté sur les autres, probablement parce qu'aucune n'était assez forte pour s'imposer, peut-être aussi parce qu'une langue commune les cimentait.

A l'époque de l'Indépendance la question n'était pas encore résolue de savoir si elles vivraient séparées

(22) « Ce sont en un mot vingt-quatre petites nations souveraines dont l'ensemble forme le grand corps de l'union » (de Tocqueville, *op. cit.*). Les 50 Etats de notre époque sont certes moins souverains, mais ils restent très individualistes.

(23) « Le fédéralisme implique la loyauté civique à un tout politique et à ses composantes qui sont distinctes sans être contradictoires. Il implique aussi une division constitutionnelle des pouvoirs entre le tout et les composantes » (A. M. Potter, *American Government and Politics*, p. 36).

ou si elles s'uniraient pour former une nouvelle nation. Elles ne se sont en réalité unies que devant un ennemi commun qui agit comme un catalyseur des mécontentements en confortant l'esprit national.

Les Articles de Confédération et de Perpétuelle Union approuvés en 1777 ne furent ratifiés qu'en 1781 en raison des réticences du Maryland à accepter un gouvernement commun. Lorsqu'on sait la faiblesse du gouvernement prévu par ces Articles, on conçoit la puissance des forces centrifuges en Amérique.

Ces Articles donnèrent son nom à la nouvelle nation, mais s'empressèrent d'affirmer que chaque Etat conserverait sa souveraineté. Certes les citoyens d'un Etat étaient les citoyens de tous les autres, on avait prévu d'élire des délégués, les Etats ne pouvaient signer de traités entre eux, ils avaient un « trésor » commun pour se défendre, mais le Congrès ne pouvait lever d'impôts, il représentait les Etats et non pas le peuple, il ne pouvait réglementer le commerce et le chef de l'Exécutif n'était élu que pour un an.

La Constitution qui les remplaça en 1788 renforçait le pouvoir central, mais elle ne put être ratifiée que grâce à une série de compromis consentis par ses rédacteurs : il était très difficile de faire accepter un vrai pouvoir central. Le dixième amendement, le dernier de ce qu'on appelle « la Déclaration des Droits », opère la synthèse de ces compromis et de ces réticences : tous les pouvoirs qui ne sont pas expressément confiés au pouvoir fédéral relèvent de l'autorité des Etats. On aurait certes pu énumérer les droits qui restaient du ressort de chaque Etat, mais il apparut qu'une rédaction négative comme celle qui fut adoptée élargissait encore le champ de leur compétence. On n'établit pas la liste de ces droits par crainte d'en oublier. Cette manière un peu torve d'aborder le problème est révélatrice de l'atmosphère qui régna au cours des discussions.

En rédigeant un texte vague on laissait place au dialogue, à la négociation pour les générations futures ;

le fédéralisme pourrait évoluer en fonction de la manière dont on lirait ce document fondamental. Et de fait on a pu et on peut encore lire la Constitution de différentes manières. A la lecture « rigide » *(strict construction)* de Jefferson et des antifédéralistes *(Anti-Feds)* s'opposait celle de Hamilton et des fédéralistes qui était beaucoup plus souple *(loose)*. Ce fut le début d'une querelle qui se poursuit encore à propos de l'importance relative du pouvoir central et des pouvoirs locaux.

La Résolution du Kentucky (1798) posera la question de la « Nullification » qui entraînera par la suite tant de problèmes : un Etat peut-il annuler une loi fédérale qui va à l'encontre de ses intérêts ? Une réponse affirmative à cette question provoquerait inévitablement à terme la rupture de l'Union. Lorsque la Caroline du Sud rejettera les droits de douane décidés par le pouvoir fédéral en 1832, celui-ci menacera d'intervenir militairement pour éviter que cet Etat puisse affirmer trop visiblement sa souveraineté. Mais la question n'en sera pas pour autant résolue ; il faudra attendre 1861 et la guerre de Sécession pour que les Etats admettent enfin qu'ils sont soumis eux aussi aux décisions de la majorité, quand bien même ces décisions iraient contre leurs intérêts individuels.

Avant que l'union des Etats fasse leur force, ce fut, en somme, la force qui fit leur union, mais celle-ci restera relativement précaire puisque, encore au XXe siècle, on assiste parfois à des rébellions contre des décisions fédérales.

On retrouve au plan politique la tendance associative qui repose sur la notion de contrat passé entre plusieurs parties — en l'occurrence les Etats et le pouvoir central. Ce contrat s'applique à certains domaines (défense, financement des dépenses fédérales, contrôle du commerce extérieur, etc.) mais en exclut certains autres (éducation, organisation des élections, entretien du réseau routier, choix des dates des vacances légales, etc.).

Le champ d'activité de chaque Etat reste donc assez

vaste bien qu'il ait tendance à se rétrécir. Pour que l'Union soit viable il faut en effet que chacune de ses composantes accepte une base légale convenant à la majorité d'entre elles, et notamment que la Constitution de chaque Etat ne contredise jamais la Constitution fédérale. Il y avait au début du XIXe siècle fort peu de points où la loi commune pût être contredite, mais, la législation se faisant plus dense, et les amendements plus nombreux, les points de litige ne purent que se multiplier.

Examinons quelques-uns de ces amendements dont aucun ne peut être contredit par les Etats. Lorsque l'esclavage fut abolit par le treizième amendement, les Etats esclavagistes eurent beau essayer de contourner la loi, ils ne purent maintenir l'institution « particulière » qui asservissait les Noirs ; la société sudiste dut se restructurer. Lorsque le dix-huitième amendement interdit la fabrication et la vente de l'alcool, les Etats durent tous se conformer à la décision de la majorité d'entre eux ; il en fut de même lorsque cet amendement fut abrogé. Mais les Pères fondateurs ne souhaitaient visiblement pas que le pouvoir fédéral puisse imposer aisément sa volonté aux Etats puisqu'ils ont fait en sorte qu'il soit très difficile de faire passer un amendement : il faut, entre autres choses, que les trois quarts d'entre eux acceptent le nouveau texte pour qu'il ait force de loi.

Les décisions de la Cour suprême constituent elles aussi une atteinte au pouvoir des Etats : en déclarant, par exemple, inconstitutionnel le cens prélevé par certains d'entre eux sur les électeurs, elle empiétait indiscutablement sur le pouvoir des gouverneurs et des législateurs. Il est vrai que ces décisions peuvent aussi agir de manière opposée en garantissant le pouvoir local contre le pouvoir central. Ainsi la Cour suprême déclara-t-elle inconstitutionnel le NIRA (24) de Roosevelt en 1935 parce qu'il empiétait sur le pouvoir des Etats.

(24) National Industrial Recovery Act (1933). Cette loi, destinée à lutter contre le chômage, arbitrait les relations entre les employeurs et les employés sur l'ensemble du territoire.

Les deux grands partis politiques, qui sont organisés et fonctionnent au niveau des Etats, constituent de solides bastions du fédéralisme, même s'ils s'opposent parfois sur l'importance à accorder au pouvoir local. Issus de deux grands courants, celui de Jefferson et celui de Hamilton, l'un girondin et l'autre jacobin, leur attitude varie dans le temps. En réalité un président fort, qu'il soit démocrate ou qu'il soit républicain, essaie toujours d'accroître son pouvoir. Les républicains étaient traditionnellement portés vers un pouvoir central fort (concentration, industrialisation) alors que les démocrates étaient en général plus décentralisateurs, plus jeffersoniens, plus « agrariens ». Mais Carter, qui est démocrate, fut certainement plus centralisateur que ne l'est Reagan, républicain, et les deux grands partis ont sur ce point échangé leur doctrine. On peut affirmer qu'il existe dans chaque Etat un Parti républicain et un Parti démocrate relativement originaux qui prennent sur des questions de détail des positions qui ne sont pas toujours celles qui sont adoptées à l'échelon fédéral. Ces deux partis comportent en effet chacun plusieurs courants qui ne se limitent pas à une aile gauche et à une aile droite.

Tout comme les individus sont amenés de manière constante à défendre leur liberté contre l'administration, les différents Etats doivent veiller à protéger leur autonomie garantie par la Constitution. Ils éprouvent d'autant plus de difficultés à le faire qu'ils doivent désormais avoir fréquemment recours au pouvoir central, ne serait-ce que pour financer leurs grands projets ou pour permettre à leur économie de s'insérer au mieux dans l'économie nationale. Ils ont pris l'habitude de solliciter des subventions *(grants-in-aid)* pour réaliser des grands travaux (routes, barrages), pour secourir leurs pauvres et les personnes âgées tout en étant parfaitement conscients qu'ils abandonnaient à chaque fois un peu plus de leur liberté (25).

Le fédéralisme américain respecte toujours les droits des Etats, mais il est certain que le pouvoir central s'étend malgré les réactions de l'opinion publique. Des services nationaux comme le FBI dépendent exclusivement de Washington, mais couvrent tout le pays de manière à compléter l'action de la police de chaque Etat qui ne peut agir que dans les limites de ses frontières. Un système comme le Federal Reserve Board créé en 1913 a pour mission de régulariser le crédit et de normaliser l'utilisation de l'argent dans les différents Etats. La loi instituant le service militaire, celle qui en 1913 créa un impôt sur le revenu (seizième amendement) ont encore accentué cette mainmise du pouvoir central sur les autorités locales.

On est ainsi conduit, avec Allan Potter, à parler d'un nouveau fédéralisme, le « fédéralisme coopératif » : la collaboration entre les deux niveaux de décision, de financement, de régulation tend à se renforcer pour faire naître un nouvel équilibre susceptible de mieux répondre aux exigences de notre temps.

Les années qui viennent de s'écouler semblent avoir quelque peu modifié l'individualisme dans certaines de ses manifestations, comme le fédéralisme, ou le pluralisme. La civilisation de masse, la consommation, la nécessité de gouverner harmonieusement cette somme d'individus, de problèmes, d'intérêts contradictoires, en préservant autant que possible son pluralisme, n'ont pu que réduire ce dernier. L'individualisme reste toutefois très fort dans la plupart des secteurs culturels, ne serait-ce que sous la forme d'une nostalgie partagée par le plus grand nombre. Les essais de normalisation, d'uniformisation se heurtent à de tels obstacles, suscitent de telles levées de boucliers que l'on peut encore affirmer que les Etats-Unis res-

(25) En 1979 la plupart des grandes villes ont dû avoir recours au gouvernement fédéral pour équilibrer leur budget. C'est ainsi que Cleveland a reçu une subvention correspondant à 32,5 % de son budget (Phœnix, 26,1 % ; Baltimore, 25,7 %).

tent un pays authentiquement pluraliste, individualiste.

Si l'égalité est loin d'être acquise, on doit admettre que le gonflement de la classe moyenne, les progrès récemment réalisés par la communauté noire, par les femmes, par certains groupes très minoritaires, constituent un progrès. Les pauvres et les groupes ethniques sont encore enfermés dans leurs ghettos, où ils créent parfois une société parallèle, et les chances de promotion sociale s'amenuisent avec la crise, sauf peut-être pour l'élite des intellectuels. Il faut pourtant admettre que l'égalitarisme — l'égalité des chances — reste une philosophie populaire : l'opinion publique, notamment celle des classes moyennes, accepte mal la redistribution autoritaire de la richesse, mais elle ne saurait accepter qu'on mette en cause ce grand principe qui a présidé à la naissance de la nation. Il est loin d'être incompatible avec le libéralisme qui reste un des caractères dominants de la culture américaine, l'un de ceux que l'on associe le plus volontiers au fondement même de l'américanité, le capitalisme.

Chapitre IV

LE CAPITALISME

La doctrine puritaine a imprégné la société américaine dès sa naissance puisque les Pères pèlerins furent parmi les premiers colons à venir s'installer au Nouveau Monde pour créer un système social et religieux qui corresponde à leurs aspirations. Issue du protestantisme, cette doctrine contenait en elle tous les germes du capitalisme, et on a pu y voir la source première de l'américanité.

Si son influence ne s'est pas exercée de manière égale sur l'ensemble du continent à travers les siècles, elle a pourtant été déterminante, ne serait-ce qu'en créant dès le début une atmosphère religieuse qui subsiste jusqu'à nous, une religion de l'action et de l'efficacité qui devait entraîner un développement spectaculaire de l'économie nationale au nom de principes qui sont devenus ceux du capitalisme.

La doctrine puritaine aux Etats-Unis. — En 1620 les Pères pèlerins emportent vers l'Amérique la doctrine calviniste qu'ils avaient en vain essayé de mettre en pratique en Angleterre. Pourchassés et persécutés dans leur pays, ils espèrent pouvoir vivre selon les principes de la « Réforme » calviniste en créant, avec la bénédiction du roi et des marchands, un pays nouveau, une société vierge. La religion qu'ils créeront peu à peu au contact du Nouveau Monde, dans un environnement original et sans avoir à se battre pour l'imposer à l'ordre établi, conservera certaines données fondamentales de la doctrine de Calvin bien que le nouveau contexte avec lequel ils devaient compter les ait progressivement amenés à éclairer plus vivement certains de ses aspects et à en occulter d'autres. Elle se modifiera peu à peu au cours des années pour donner naissance à un corps doctrinal plus vaste, plus flou et plus imbriqué dans le monde séculier que pouvait l'être le calvinisme à l'état naissant. Il n'en reste pas moins que « les Etats-Unis sont fils de Calvin » (1).

Les sociologues nous disent que les doctrines religieuses et les Eglises reflètent les sociétés où elles dominent en même temps que ces sociétés les reflètent elles aussi. Cette remarque est d'autant plus juste dans le cas des Etats-Unis, et plus particulièrement de la Nouvelle-Angleterre, que la société et la religion sont nées simultanément, l'une de l'autre, sans qu'on puisse établir une antériorité, une préséance entre elles.

Avant de débarquer du *Mayflower*, les Pères pèlerins signèrent un document constitutionnel élémentaire (le *Mayflower Compact*) qui instaure une théocratie et place le nouveau pays sous la protection de Dieu en liant très étroitement les domaines sociaux et religieux. Venus pour vivre leur religion, il était normal qu'ils se donnent les institutions susceptibles de leur permettre d'atteindre leur objectif. Ils jetaient ce faisant les bases immuables de leur croyance, de leur Eglise, de leur comportement religieux et social.

La doctrine de Calvin a subi des modifications considérables en Amérique, ce qui n'est pas pour surprendre les tenants de l'environnementalisme pour qui le monde qui nous entoure transforme et façonne nos systèmes sociaux et nos comportements. Elle correspond parfaitement à l'état d'esprit et aux atti-

(1) James Hepburn, *L'Amérique brûle*, Nouvelles Frontières, 1968, p. 19.

tudes de cette immense classe moyenne qui dominera bientôt la société américaine car elle était au départ déjà marquée par une morale « bourgeoise » s'opposant à la morale des élites et de l'aristocratie. C'est avant tout la religion des petits marchands et des artisans, celle qui dénonce les vices qu'ils abhorrent et encensent les vertus qui leur sont chères.

Pour Calvin, ceux d'entre nous qui seront sauvés le seront par leur foi et non pas par leurs actes qui, voulus par des êtres marqués par la faute originelle, ne sauraient suffire à eux seuls. Nous sommes prédestinés et nos actes ne compteront que si Dieu veut nous sauver.

C'est peut-être cet aspect de la doctrine qui subira les plus profondes modifications au contact du Nouveau Monde. Le changement ne se fera bien sûr que très progressivement, mais il débouchera au XVIIIe siècle sur une forme nouvelle de puritanisme, qui restera malgré tout empreinte de calvinisme.

Certes, c'est toujours la foi qui nous sauve et seule la mort du Christ peut nous racheter. Mais nos actes sont aussi indispensables à notre salut, car eux seuls témoignent de notre désir de bien faire, de nos efforts, de nos succès et de nos échecs, de notre lent progrès sur les chemins qui conduisent à Dieu. Nous sommes en effet, et c'est là un point nouveau, susceptibles de nous améliorer si nous le voulons. C'est cette idée que les Américains seront conduits à souligner avec une fermeté grandissante, tout en reconnaissant les vertus de la foi salvatrice et la doctrine de la prédestination. L'illumination, la foi viscérale et soudaine ne valent que si elles se combinent à l'action puisque, aussi bien, nous ne vivons dans ce monde que pour mériter l'autre. Foi et action cohabiteront de manière constante pour régir les attitudes religieuses et sociales.

Un autre aspect de la doctrine subira également une

transformation considérable. Calvin, qui ne croyait pas dans la rémission des péchés par la confession et le regret, considérait que nos fautes s'accumulent et qu'il faudra un jour en rendre compte dans leur globalité. On a vu dans cet aspect de la doctrine une cause de pessimisme.

Or, il se trouve que tous les observateurs s'accordent pour considérer l'optimisme comme une des données fondamentales et constantes de l'américanité, et on doit donc pouvoir réconcilier ce qui apparaît au premier abord comme inconciliable. L'opposition se réduit en fait d'elle-même au contact de l'environnement et au gré de l'évolution sociale (2), pour les Puritains, comme, plus tard, pour les Méthodistes passés au moule d'Arminius.

Devenu la religion de l'action soutenue par l'optimisme, le puritanisme américain fut une réaction contre l'oisiveté des aristocrates britanniques à partir d'une société puritaine égalitaire, véritable « élite de masse » appelée à remplacer les castes et le prolétariat de l'ancien monde.

L'aristocratie de naissance s'est trouvée brusquement remplacée par une bourgeoisie dont les membres s'appelaient eux-mêmes « les Saints » par opposition à ceux qui n'en faisaient pas partie et qui n'avaient que très peu de droits. Il s'agit en fait du remplacement d'une élite de naissance par une autre, fondée sur une religion très engagée dans la vie quotidienne. Cette « aristocratie américaine » ne sera ni héréditaire ni terrienne, et chacun devra continuellement y mériter sa place.

Mais le puritanisme ne s'étendra pas à toutes les colonies, loin de là. La Pennsylvanie (3), le Rhode Island (4) et tout le Sud y échapperont de sorte qu'il faut ici, encore plus qu'ailleurs, se garder de géné-

(2) Voir p. 18.
(3) La Pennsylvanie fut créée par W. Penn et les Quakers.
(4) Les catholiques étaient nombreux au Rhode Island.

raliser. Les colonies du Sud et plus tard le « Deep South » seront bien plus proches du système britannique, et leur mentalité s'opposera de manière tranchée à la mentalité yankee. Le triomphe du Nord sur le Sud, l'industrialisation et l'urbanisation de cette région agricole axée sur la plantation conduiront à une extension de la mentalité puritaine qui, sans jamais être aussi marquée que le Nord-Est, évoluera peu à peu pour se rapprocher du puritanisme.

Au Nord l'aristocratie théocratique cédera bientôt le pas à une autre plus vaste qui est en fait la négation de l'aristocratie au sens européen puisqu'elle se fonde sur le mérite et le travail. L'aristocratie du succès a ceci de particulier qu'elle est essentiellement souple, fluctuante et ouverte à tous.

Le puritanisme correspond bien à la conception américaine de la démocratie directe, de l'individualisme et du conformisme. Il n'y a pas d'intermédiaire entre l'homme et Dieu, pas de clergé professionnel, pas de hiérarchie autre que celle du mérite, pas d'interprète privilégié de la volonté divine. L'homme est seul en face de son créateur comme il est seul en face des autres, du monde où il vit, de la société qu'il accepte à condition d'avoir un droit de regard sur ses décisions.

Le rejet de l'aristocratie et du clergé à l'européenne caractérise également la doctrine puritaine dans son application au domaine social. L'homme doit pouvoir s'administrer seul, dans le cadre d'un contrat passé avec le pouvoir politique et administratif.

Religion de l'action, de l'égalitarisme, de l'effort, de la solitude dans le groupe, le puritanisme est aussi celle de la rigueur, de l'austérité.

Pour Molnar (5), si le rigorisme puritain des pre-

(5) Thomas Molnar, *Le modèle défiguré. L'Amérique de Tocqueville à Carter*, PUF, p. 31-32.

miers temps s'est transformé en une permissivité échevelée, la doctrine reste immuable. Entre les prédicateurs de Nouvelle-Angleterre, les hippies de Woodstock et les membres les plus réactionnaires de la Moral Majority actuelle, la base est la même malgré les apparences. « La forme puritaine, la vie selon les formules et les automatismes reste intacte et discernable : auparavant il fallait jurer par l'ordre et la sécurité, à présent par l'aventure des sens, la fête planétaire. Suivre la formule donne, dans l'un et l'autre cas, la bonne conscience. »

Le travail, érigé au rang de vertu, sans doute par nécessité dans ce pays neuf, se jugera à ses résultats, de la manière la plus pragmatique qui soit. Le succès social, l'acquisition des biens ne seront qu'une juste récompense, une matérialisation de la vertu. Les principaux obstacles dont nous devons triompher pour accomplir le plus possible d'actes bénéfiques et atteindre au succès sont le temps, l'environnement (6) et notre propre faiblesse. L'argent, quand il représente le travail et symbolise la réussite, témoigne de notre valeur sociale et religieuse, et la richesse devient le signe de la respectabilité légitime dans cette société où dominent les travailleurs dynamiques et indépendants.

On en viendra ainsi à interpréter d'une manière très souple la doctrine de Calvin.

Certains hommes sont irrémédiablement condamnés alors que d'autres sont élus, non pas tant à cause

(6) Une fois que la bonne formule du salut, formule étroite, a été trouvée, rien d'autre ne compte, même si l'objet du salut n'est plus le ciel mais le royaume de ce monde, la société démocratique (Molnar, *op. cit.*, p. 46). L'ennemi, celui qui nous permet de nous affirmer et de montrer la valeur de nos actes, c'est la nature dont nous devons triompher au nom de Dieu. La vie est « une opposition inconciliable entre la Nature et la Civilisation, c'est-à-dire entre la forêt et la ville, entre la spontanéité et le calcul » (Perry Miller, *Nature's Nation*).

de leurs œuvres qu'en raison de la volonté divine, s'ils ont la foi et s'ils mettent en œuvre les vertus de courage, d'industrie et rejettent l'oisiveté et les démons de ce monde.

Dans un environnement riche et neuf, lorsque la population est clairsemée et qu'il y a largement place pour toutes les aspirations, tout est possible pour ceux qui travaillent courageusement et savent rester frugaux : ils doivent réussir leur vie ici-bas car l'aide divine et le travail se conjuguent pour permettre le succès. Les riches sont donc, dans cette société neuve, ceux qui ont travaillé, ceux qui ont été vertueux et qui sont aimés de Dieu puisqu'ils ont eu la chance avec eux. Ce sont donc vraisemblablement les élus. La richesse est espoir de paradis.

Inversement les pauvres peuvent nourrir quelques inquiétudes : ou bien ils ont manqué d'ardeur, ou bien c'est que Dieu ne les a pas aidés et que, probablement, ils ne sont pas aimés, donc qu'ils seront sans doute condamnés. On a pu voir dans cette extension de la doctrine calviniste l'explication du culte de la richesse et de la réussite matérielle qui domine aux Etats-Unis.

L'homme solitaire est le jouet de la « lutte cosmique entre le bien et le mal », entre Dieu et Satan, qui sont tous deux cruels et impitoyables. Cette vision manichéenne correspond au refus des théologies trop finaudes ou trop pures. La symbolique reste simpliste, surtout si on se réfère aux sermons très noirs des prédicateurs puritains ou relevant de la Majorité Morale actuelle : il faut abattre le Mal et faire triompher le Bien comme le défricheur abat la forêt (qui apparaît comme le symbole du Mal, avec son obscurité menaçante, alors que la clairière défrichée par la main de l'homme devient le côté clair du monde). Pour passer à l'association défrichage-progrès le pas est facile :

défricher le continent pour le mettre en valeur revient à vaincre le mal qui est en nous pour être sauvé.

Et quand le continent sera défriché, il faudra en trouver un autre, poursuivre vers de « Nouvelles Frontières », porter la parole de Dieu, civiliser. Les puritains sont les soldats du Christ, les Américains sont « les soldats de la démocratie sur les remparts du monde » : l'impérialisme culturel se trouve sanctifié.

Le puritanisme a toujours été marqué par ce souci missionnaire, par cet égalitarisme qui se traduit par l'extension d'une bourgeoisie « médiocre » aux dépens d'une élite, par la nécessité de l'action en faveur de ce qu'on sait être le Bien. Il est donc profondément incrusté dans la vie quotidienne, dans la société, dans le sentiment collectif. Il marquera la communauté de manière indélébile et subsiste encore bien qu'il se soit trouvé profondément modifié dans plusieurs de ses manifestations.

La religiosité. — Les colonies du Nord-Est et tout particulièrement la Nouvelle-Angleterre et la Pennsylvanie ont été créées à la fois pour et par l'argent, par et pour la religion. Les Pères pèlerins et les Quakers ont entrepris leur aventure avec les capitaux de leurs commanditaires pour pouvoir adorer leur Dieu suivant leur croyance. Affairisme et religion se sont ainsi trouvés étroitement mêlés dès la naissance du pays de sorte qu'il n'est guère surprenant de voir les Américains se situer constamment par rapport à l'argent, par rapport à la religion. L'esprit religieux soutient le système qui ne s'appuie sur aucune Eglise particulière, l'Eglise et l'Etat ayant toujours été séparés.

Si le protestantisme s'est développé plutôt que le judaïsme ou le catholicisme, c'est sans doute en raison de sa plus grande souplesse, de son adaptabilité, mais aussi en raison de sa position vis-à-vis de l'argent et du succès matériel qu'il ne condamne pas, comme nous venons de le voir (7).

Il est révélateur que le premier livre imprimé en Amérique ait été le *Bay Psalm Book* (1640). Les premiers écrits sont de tonalité exclusivement religieuse. Les œuvres d'art, et notamment les œuvres picturales sont imprégnées de religiosité, et les redoutables sermons de Cotton et Increase Mather ont laissé des traces durables dans la pensée américaine où le Diable tient encore sa place (cf. le succès du film *L'Exorciste*). Qu'il soit croyant ou incroyant l'homme de la rue trouve normal de se situer par rapport à Dieu, à l'Eglise, à la religion, et les politiciens le savent bien qui prient en public et font constamment référence au Créateur par-delà les dénominations religieuses (8). En 1974, 69 % des Américains déclaraient croire en Dieu et 48 % au Diable.

Cette religiosité possède naturellement des caractères qui lui sont propres. Le pluralisme en est probablement le plus frappant. Le nombre et la variété des sectes et des Eglises correspondent bien à l'esprit du protestantisme plus souple et plus divers que le catholicisme. Chaque Eglise est essentiellement locale, autonome, et le centralisme reste relatif même pour les Eglises les plus structurées. La multiplicité des sectes et des croyances au sein d'une même dénomination évite ce monolythisme qui caractérise le catholicisme. Ceci a pour effet, en multipliant les groupes religieux, de désamorcer les velléités anticléricales car il n'y a pas d'ennemi unique, énorme, tout-puissant, menaçant. Contrairement à ce qui se passe en France, le laïque se mêle volontiers au religieux.

La variété des dénominations se retrouve au sein de chacune d'elles. Il y a ainsi trois grandes obédiences juives (Orthodoxes, Conservateurs, Réformistes), des Catholiques romains et des

(7) Voir p. 81.

(8) « Notre forme de gouvernement n'a de sens que si elle se fonde sur une foi religieuse profonde. Ce que peut être cette foi m'importe peu du moment qu'elle existe » (D. Eisenhower).

Orthodoxes, des Baptistes « réguliers », « séparés » ou « primitifs ». De grands groupes, comme les Presbytériens, ou les Méthodistes, cohabitent avec des groupes moins nombreux comme les Unitariens, l'Eglise luthérienne américaine ou les Disciples du Christ. Des sectes comme les Oneidas (1847), les Rappistes (1825) ou les Shakers (1787) montrent bien la variété des obédiences. Les Mormons revêtent probablement un intérêt particulier dans la mesure où ils proposent une nouvelle lecture de la Bible et jettent les bases d'une croyance américano-chrétienne. Le gros de leur troupe réside dans l'Utah où ils ont créé Salt Lake City après avoir irrigué le désert, dernier refuge dans leur fuite vers l'Ouest. Cette Eglise, toute-puissante, immensément riche, prosélyte, austère, rigoureuse, exige la dîme et disperse ses jeunes missionnaires à travers le monde, à la recherche de leurs ancêtres morts (qu'ils veulent baptiser) et de nouvelles recrues pour leur Eglise.

C'est surtout au XIXe siècle que ces groupes « religieux » — qui apparaissent parfois comme très implantés dans la vie sociale — se multiplient, mais il s'en crée encore de nombreux actuellement (Guyana, Moon, Eglise du Verbe). Des chefs religieux particulièrement agités ou dynamiques émergent de temps à autre (Father Coughlin en 1929, antisémite et proche des théories nazies, Billy Sunday) et emboîtent le pas des grands prédicateurs méthodistes de l'Ouest (Timothy Dwight) qui n'avaient pas leur pareil pour conduire à Dieu les brebis égarées de leurs *camp-meetings* (9) échevelés. On a pu remarquer que les périodes de crises économiques ou culturelles sont particulièrement favorables à leur naissance, un peu comme si on cherchait à compenser par un nouveau credo la perte de sa foi dans le pays et dans son mythe. il n'est guère surprenant que Jones ou Chrishna recueillent ainsi des adeptes dans ce pays où tout est prétexte à regroupement, expérience, action... et collecte d'argent.

(9) *Camp-meeting :* rassemblement sous une tente ou en plein air d'une foule venue écouter un prédicateur.

Les Eglises, sectes et dénominations sont très engagées dans la vie quotidienne : comme l'écrivait Max Lerner, elles sont « orientées vers ce bas monde et non pas vers l'autre ». Ces groupes, lorsqu'ils ont déterminé les grandes lignes de leur foi, se donnent souvent des règles de vie bien à eux et organisent parfois une société en marge correspondant à leurs aspirations : l'exemple des Shakers est à cet égard tout à fait révélateur.

Cette secte fut créée à New Lebanon dans l'Etat de New York en 1787 par Ann Lee (Mother Ann Lee) sur l'ordre de Dieu. Venue d'Angleterre et refoulée par les Quakers, cette femme voyait dans l'Amérique la terre du millénium (c'est un caractère commun à de nombreux groupes religieux). Pour elle Dieu était double, à la fois Homme et Femme, le Christ étant la représentation masculine de la divinité et elle-même sa représentation féminine. Elle prônait la chasteté complète, rejetait la propriété privée et la violence. Ses disciples, qui menaient une vie très austère, chassaient le démon par la danse. Le Saint-Esprit les faisait tournoyer sur eux-mêmes lorsqu'il leur parlait et ils croyaient la fin du monde prochaine : ils ne faisaient donc pas d'enfants et ne se soignaient pas quand ils étaient malades. La vie de leur communauté était parfaitement réglée et ils étaient extrêmement actifs. Ils développèrent la culture du ver à soie, inventèrent le commerce des graines en sachets, une machine à empaqueter et la turbine à eau ; ils adaptèrent l'hélice et mirent au point la machine à laver (ils étaient d'une propreté maladive). Ils apprirent à sécher et à conserver les produits de la terre, dépêchèrent leurs représentants sur les routes pour vendre leurs produits et inventèrent la rotation des tâches pour prévenir la monotonie. Ce curieux mélange de foi — originale —, ce souci de la qualité de la vie et du profit correspond tout à fait à la double vocation des sectes désireuses de promouvoir une société très liée à Dieu et capable d'apporter le bonheur par la religion, la créativité, le dynamisme.

D'autres sectes, à la vie plus ou moins courte (Oneidas, Perfectionnists, Utterers, Amish), organisent une société correspondant à leurs aspirations, et leur communauté remplit, comme aux débuts de la colonisation, une fonction sociale bien déterminée.

L'Eglise est un facteur d'américanisation ; c'est un des rouages du système. La démocratie ne peut exister sans la religion, qui « sait se servir des instincts démocratiques » (10). Pour Billy Graham, le grand pasteur itinérant des temps actuels, qui déplace des foules pour son spectacle de musique et de sermons, la liberté américaine et la religion vous rendront « libre, heureux et prospère », comme disait Mgr Satolli, car la religion est le garant des vertus nationales, celles qui permettent de réussir ici-bas.

« Les prêtres américains n'essaient point d'attirer et de fixer tous les regards de l'homme vers la vie future ; ils abandonnent volontiers une partie de son cœur aux soins du présent ; ils semblent considérer les biens du monde comme des objets importants, quoique secondaires » (11).

Des slogans comme « allez à l'église, vous vous sentirez mieux » ou « détendez-vous avec le Christ » font partie de la vie quotidienne, et cet extrait d'un sermon de Billy Sunday montre bien sa manière : « Voulez-vous que Dieu vous bénisse, qu'il bénisse votre foyer, votre église, votre pays, New York ? Si oui, levez la main. Combien d'entre vous vont-ils maintenant se lever d'un seul bond et descendre me dire : Bill voici nos mains, je les donne à Dieu, à mon foyer, à mon pays natal pour vivre et conquérir pour Dieu. » Il incitait sans discrétion les fidèles à lui fournir les moyens financiers de sauver ses frères : il lui fallait, disait-il, 2 $ pour convertir un païen. Pour Billy Graham, les coûts ont quelque peu monté, puisqu'il lui faut 200 $ pour le même résultat !

Les Eglises américaines, tout comme la société dans laquelle — et dans une certaine mesure pour laquelle — elles fonctionnent, ont un rapport tout à fait serein à l'argent. Les Eglises rendent compte de la pyramide sociale dans la mesure où elles peuvent être classées suivant leur degré de respectabilité reconnue, leur américanité. Il est de « bonnes » Eglises comme les Episcopaliens ou les

(10) De Tocqueville, *De la démocratie en Amérique*, NRF, « Idées », p. 220.
(11) De Tocqueville, *op. cit.*, p. 230.

Presbytériens, de moins « bonnes » comme les Méthodistes, ou les catholiques à forte proportion de Noirs ou de Sud-Américains. La discrimination raciale n'est pas absente de la religion puisqu'il existe par exemple deux Eglises baptistes (l'une noire, l'autre blanche) et que les Mormons n'ont pas toujours été persuadés que les Noirs sont des enfants de Dieu.

La flexibilité traditionnelle se retrouve dans le domaine religieux : on passe aisément d'une dénomination à l'autre, quand on change de résidence par exemple, ou de situation, et qu'on cherche une communauté plus adaptée à son état social : il arrive que les lieux de prière soient répartis très inégalement, puisque les classes sociales se cantonnent fréquemment dans leur ghetto et que les dénominations recrutent généralement dans des classes bien déterminées. L'œcuménisme qui est de règle chez les protestants favorise ce passage, plus difficile chez les catholiques ou les juifs.

Comme elles sont flexibles, les Eglises sont aussi expansionnistes et prosélytes. Les prédicateurs méthodistes ont ainsi fait passer le nombre de leurs adeptes à l'ouest des Appalaches de 3 000 en 1800 à 30 000 en 1810 et à 175 000 en 1830. On ne recule jamais devant les méthodes qui permettent de croître et on empoche avec satisfaction sa plus-value de fidèles en jouant sur l'hystérie collective ou la crainte des flammes de l'enfer : des lames de fond comme le *Great Awakening* ou le *Great Revival* (12) emportent épisodiquement les Américains vers le Paradis. Comme l'Amérique doit être conquise à Dieu, le reste du monde doit l'être aussi, dût cette conquête passer par son américanisation. Après en avoir été rejetés comme les Pères pèlerins et les Quakers, les Américains reviennent au vieux pays avec parfois un

(12) *Great Awakening* (vers 1725), *Great Revival* (vers 1800) : mouvements de christianisation, de renouveau religieux.

certain succès ou en vain lorsqu'ils heurtent trop les cultures nationales, comme Moon, ou Graham ou les Jesus Fans et tout leur attirail publicitaire de disques, de tracts, de films et de comédies musicales qui sont si efficaces chez eux.

La religiosité a indiscutablement été marquée par l'esprit de la Frontière, par sa rusticité et par son dynamisme. Le dogme importe peu, le sexe des anges se perd dans les nuages, et les nourritures sont rares pour la méditation, denrée peu américaine s'il en est. L'Eglise séculière est active, rarement contemplative. Peut-on imaginer un auteur européen qui ferait, comme Barton, un succès de librairie en décrivant le plus sérieusement du monde Jésus-Christ sous les traits d'un voyageur de commerce ?

Le pluralisme religieux résiste aux tentatives de regroupement comme le « Church of Christ United » ou la fédération des Méthodistes du Nord et du Sud. Le Président affiche toujours son appartenance religieuse, prête toujours serment et se place sous la protection officielle de Dieu tant ce pays reste imprégné de religiosité.

Le capitalisme. — Ce système se fonde sur un certain nombre d'idées-départs qui s'harmonisent parfaitement avec la mentalité américaine de toujours : il n'est donc pas surprenant que les Etats-Unis soient devenus le pays capitaliste par excellence. Le capitalisme se fonde en effet sur les notions de profit, de travail, de propriété privée, de libre entreprise, et il revêt différentes formes suivant que l'accent se trouve, à une période donnée, mis sur l'une ou l'autre de ces notions sans qu'une seule d'entre elles soit jamais oubliée : on peut ainsi parler, pour les Etats-Unis, successivement ou simultanément, de capitalisme commercial, de capitalisme sauvage, industriel, financier et, peut-être, timidement, de capitalisme populaire, chacune de ces catégories se subdivisant parfois en diverses sous-catégories. Le système s'est établi solidement dans ce pays, parce que toutes les conditions lui étaient favorables : les immigrants habitués à travailler à contrecœur pour un propriétaire foncier avaient libre accès à la terre et leur propriété se trouvait être protégée par la loi ; l'opinion et les Eglises considéraient le travail comme la plus digne des activités alors que la noblesse européenne célébrait l'oisiveté ; les pouvoirs publics veillaient jalousement au respect de la liberté d'entreprendre alors que les guildes européennes opéraient en chasse gardée.

Ce système économique et culturel était en outre étroitement lié à l'éthique protestante. Weber (13) a pu affirmer que le puritanisme a engendré le capitalisme entre autres raisons parce qu'il constituait une rupture avec la société et l'Eglise médiévales plus portées sur la contemplation que sur l'action. C'est surtout un mouvement de classes moyennes qui voient dans la frugalité et le travail les moyens les plus sûrs de promouvoir le progrès et qui acceptent le capital « moralement, légalement et socialement » (14).

Alors que la distribution de la terre était ailleurs encore soumise à des règles médiévales, le sol appartient à celui qui l'occupe (le *squatter*), et il est facile de devenir franc-tenancier. La société puritaine n'était pourtant pas capitaliste : les notions de laisser-faire, de libre entreprise étaient étrangères à la Nouvelle-Angleterre des premières années et l'Eglise contrôlait sévèrement les activités individuelles économiques ou autres. Ce n'est que plus tard, quand les Américains

(13) Max Weber, *The Protestant Ethic and the Spirit of Capitalism*, Londres, G. Allen, 1930.
(14) Louis A. Hacker, *American Capitalism*, Princeton, NJ, Van Nostrand, 1957, p. 10.

auront décanté leur puritanisme pour ne conserver que la morale en oubliant l'Eglise, que la religion capitaliste prendra son vrai visage en conjugant les effets du puritanisme et ceux du libéralisme.

Le capitalisme va de pair avec le darwinisme social qui le justifie, avec le libéralisme qui le rend viable, avec le pragmatisme qui lui assure le succès, avec le puritanisme qui lui confère une noblesse, avec l'individualisme qui lui donne l'élan. En fait rien le contredit aux Etats-Unis.

La notion d'argent est tout à fait particulière. Le dollar est un des étalons de la personnalité, un moyen de jauger ce qu'on vaut, ce qu'on est. On écoute attentivement quand parlent les riches. A la notion d'argent-objet qu'on amasse dans un bas de laine, qu'on manipule avec délices, se substitue celle d'argent-action, fait pour se multiplier, pour être dépensé, pour être distribué. L'argent est partout : on annonce son salaire sans vergogne (c'est l'image que les autres ont de votre valeur, ce à quoi ils vous estiment), on s'échange contre de l'argent (système de la caution qui vous remplace en prison) ; l'Eglise en parle librement, et elle évalue avec précision son pouvoir missionnaire. Les banques, qui symbolisent le système capitaliste, possèdent les plus beaux immeubles et rivalisent de luxe et de façade.

L'Angleterre ne s'y est pas trompée : elle a tout fait pour empêcher les colonies d'avoir leur propre monnaie, leurs propres banques (elle interdit ainsi la « Land and Manufactures Bank » créée par le Massachusetts en 1740). Malgré Jefferson, qui prévoyait les vices du capitalisme, la première banque des Etats-Unis reçut sa charte en 1791 ; c'était — symboliquement — une banque fédérale placée sous contrôle privé : la lutte entre le *rugged individualism* (individualisme farouche) et le centralisme était déjà vive.

En 1816 (après cinq années de « banque sauvage »), la seconde banque lança vraiment le capitalisme en régularisant la valeur de la monnaie et le crédit, en faisant de l'argent le vrai moteur de l'économie. Lorsqu'elle disparaîtra en 1836, l'élan sera donné pour que le libéralisme, annonciateur du capitalisme, ne connaisse plus d'entraves.

Les colonies ont été fondées pour le profit ; la guerre d'Indépendance s'est déclenchée en grande partie parce que les filiales américaines des groupes financiers anglais voulaient la libre entreprise, plus d'autonomie pour se développer et faire du profit ; la guerre de Sécession vit le triomphe du capitalisme sur une tradition terrienne qui rappelait la tradition européenne.

Le XIXe siècle sera le siècle du développement du capitalisme industriel et financier. Ce fut l'époque des fortunes gigantesques et rapides, celle des compagnies tentaculaires dont l'ombre gelait les petits concurrents et dont les dirigeants imposaient leur loi au pays. Dans les années 1980 le capitalisme trouve un nouvel élan et dicte sa loi au monde entier, ou presque, en assurant une hégémonie économique qui, si l'on n'y prend garde, ouvrira la voie à une hégémonie culturelle.

L'homme d'affaires, d'abord marchand ou industriel, devient souvent spéculateur, et il convient ici de faire la différence entre ces deux activités. Autant l'opinion publique a célébré, vénéré le capitalisme industriel, fondé sur le travail acharné de l'homme d'affaires créateur de biens, d'emplois et de richesse, autant elle a décrié le capitaliste spéculateur (qui était souvent un industriel). Dès lors que les capitalistes créent des emplois et œuvrent au bien de tous en donnant l'impulsion, ils ont leur place au côté des plus grands. Mais lorsqu'ils manœuvrent comme Jay Gould et accroissent leur fortune par des jeux ou des tractations suspectes qui ne sont pas créateurs de biens, le public s'insurge. Lorsque les grandes compagnies de chemin de fer, non contentes de s'assurer le monopole, de profiter des biens publics (subventions, dons de terres charbonifères) mettent la main sur les champs des petits fermiers qu'elles acculent à la faillite en s'entendant sur les prix (15), le capitalisme est perçu comme un monstre tentaculaire.

Quand les industriels qui prônent la liberté, l'autonomie, ne demandent rien à l'Etat pour assurer la marche de leur entreprise, on les considère comme des bienfaiteurs, maîtres chez eux puisqu'ils ne demandent rien. Par contre quand ils sollicitent l'aide publique pour faire fructifier leur patrimoine, l'opinion s'offusque et se raidit.

Il faut donc bien faire la différence entre les différents types de capitalisme : l'Américain qui vénère un Carnegie qui s'est fait lui-même est sans pitié pour le spéculateur, le faux entrepreneur.

On se pose aussi des questions quand le *Welfare capitalism* anesthésie les travailleurs en leur offrant tout ce dont ils ont besoin matériellement en échange de leur travail et de leur soumission : on leur offre des logements, des coopératives d'achat, des écoles, des stades situés à proximité de l'usine, on crée un esprit d'équipe propice au rendement ; mais en aliénant leur liberté individuelle. C'est ce que fit Pullman dans sa ville de Pullman City près de Chicago. L'homme d'affaires, mini-dieu créateur d'un micro-univers situé hors société, prenait en charge et assistait ses ouvriers au nom du capitalisme. C'était nier les vertus de la responsabilité individuelle, de la libre entreprise, du goût du risque, de l'indépendance et inviter les autres à faire le contraire de ce qu'on faisait soi-même.

Aujourd'hui les théories de base restent les mêmes, et le profit demeure le moteur essentiel de la civilisation américaine. Les principes suivant lesquels « *business is business* », ou « l'affaire de l'Amérique, c'est les affaires » sont toujours de mise, même si cette activité capitaliste s'exerce désormais à l'échelle mondiale par l'intermédiaire des sociétés multinationales dont les plus importantes sont américaines.

Le travail reste une donnée fondamentale de la vie

(15) Voir F. Norris, *The Octopus*.

aux Etats-Unis. On prend très peu de vacances, on travaille énormément, et il n'est pas rare de voir, même en période de chômage, une même personne occuper simultanément deux emplois.

Les enfants travaillent très tôt et on les encourage aussi à créer leur propre affaire (distribution de journaux, puis organisation de chaînes de distribution de journaux qui permettent de faire travailler les petits camarades moyennant une commission, menus travaux dans les stations-service ou les hypermarchés, etc.). Les étudiants travaillent pour financer leurs études (cafétéria, moniteurs à temps partiel, etc.). Cette activité débordante et traditionnelle se ralentit bien sûr en temps de crise, mais il serait très surprenant qu'elle ne reprenne pas cette fois encore, comme elle l'a toujours fait. L'Amérique de Reagan aspire à retrouver ces caractères, ces habitudes de vie qui ont fait la richesse du pays.

Le régime capitaliste a certes été remis en question à plusieurs reprises, mais toujours par des minorités. Les socialistes, et leur candidat à la présidence, ne recueillent que très peu de suffrages et tous ceux qui remettent politiquement en cause la société sont considérés comme des agitateurs. La contestation vient aussi bien de groupes fascistes que de l'extrême gauche (marxisme de Sweezy ou de Harrington) ou de francs-tireurs comme Marcuse qui est à la fois anticapitaliste et anticommuniste. Ces mouvements sont surtout le fait d'intellectuels qui se sentent, ou se mettent en dehors des institutions. Les jeunes aussi, peut-être à la suite de leurs voyages, regardent parfois au-delà du matérialisme qui est une des dominantes du système. L'argent n'a-t-il pas été détourné de sa fonction ? N'est-il pas devenu une fin, au lieu de rester un moyen ? Certains groupes vivent en communauté et reviennent au troc, refusant l'argent devenu le symbole de la spéculation, de l'exploitation plus que du travail. Certaines communautés californiennes nient même le bien-fondé de la propriété privée comme le faisaient certaines minorités du XIXe siècle.

L'adjectif « socialiste » reste pourtant tabou, et le Parti communiste n'a que peu d'audience. On confond d'ailleurs fréquemment socialisme et communisme, en somme tout ce qui tend à remettre le système en cause de manière organisée.

Fondée sur la consommation, la production, l'élévation constante du niveau de vie, la civilisation américaine n'admet pas que l'on veuille réglementer le profit, le travail, l'utilisation des richesses. Si le capitalisme s'émousse parfois, ce n'est pas parce que la société le condamne mais parce qu'elle réagit temporairement contre ses excès qui aboutissent à la destruction de la libre entreprise. Il correspond trop bien à l'éthique puritaine pour disparaître.

L'efficacité. — C'est une qualité que l'on reconnaît universellement aux Américains et qui se rattache étroitement à leur pragmatisme. L'idéologie importe peu et ce qui est esthétique passe après ce qui fonctionne : alors que les Français par exemple apprécient avant tout la forme, le cadre, ne serait-ce que dans leur Constitution, ou leurs administrations, ils s'attachent avant tout aux effets de leurs entreprises. L'efficacité annonce la réussite, souci majeur de l'Américain qui agit.

C'est dans le domaine industriel et dans la recherche que cette efficacité apparaît tout d'abord : découvrir de nouvelles techniques plus efficaces (16), modifier l'organisation du travail, concentrer pour améliorer le rendement, ériger la publicité en une véritable science et contrôler ses effets.

L'exemple le plus frappant reste celui de Taylor qui fut le précurseur du travail à la chaîne mis au point par Ford : Taylor, qui était ingénieur, préconisait la proscription des gestes inutiles, l'amélioration des outils pour rendre les ouvriers plus productifs. Les Américains sont très efficaces dans le domaine commercial. Habiles à déterminer les demandes à venir (aviation, robotique, électronique), ils savent organiser les marchés mieux que d'autres, en ayant recours lorsqu'il le faut à des méthodes plus ou moins

(16) La Silicone Valley, la région de Boston et le Texas regroupent ainsi des chercheurs et des entrepreneurs particulièrement dynamiques qui misent tout sur l'avenir.

honnêtes (pots-de-vin versés par les grandes compagnies aériennes à la fin des années 1970). Ils ont par exemple supplanté les Anglais sur le marché canadien.

Les Pères de la Constitution mirent au point des compromis particulièrement savants pour aboutir à un consensus que tous jugeaient impossible entre les Sudistes et les Nordistes, les grands et les petits Etats, les tenants d'un pouvoir fédéral fort et leurs adversaires. Les grands partis politiques ont bien appris la leçon : éloignés de toute idéologie, leur principale fonction est de proposer un programme et des candidats *(ticket)* crédibles pour le plus grand nombre. Il n'y a pas de discipline de vote au Congrès : un démocrate vote souvent avec un républicain contre un autre démocrate (vote « bipartisan ») notamment lorsqu'il s'agit de faire passer une loi utile pour la région qu'ils représentent l'un et l'autre. Leur principale fonction est de gagner les élections puis de gouverner le pays et non pas de concevoir de grands principes ; il existe une aile gauche et une aile droite chez les démocrates et chez les républicains, et il est souvent difficile d'établir le départ entre un républicain de gauche et un démocrate de droite : ces notions n'ont en fait que peu de sens, seul le résultat compte. Partant du principe que le système est bon mais qu'on peut l'utiliser de différentes manières, ils ne diffèrent que sur ces manières.

Pour gagner, c'est-à-dire pour être efficaces dans leur domaine, ils ont depuis longtemps recours à des techniques que répugnent encore à utiliser certains autres pays : les stratégies électorales sont des techniques publicitaires visant à vendre un produit (on va aujourd'hui jusqu'à dénigrer son adversaire ou s'en moquer dans des spots télévisés !). L'organisation même des partis témoigne de ce souci de gagner : ils somnolent entre les élections et se réveillent en période électorale.

Il en va de même pour les syndicats : on ne s'embarrasse guère d'idéologie. Généralement plus proches du Parti démocrate, ils peuvent changer de camp sans hésiter. Partisans du système, ils s'attachent avant tout à faire aboutir leurs revendications à l'échelon local, ponctuellement, et utilisent parfois des méthodes discutables : on a souvent mis en évidence leurs relations avec la Mafia, et leurs dirigeants — des professionnels choisis parce qu'ils sont plus efficaces que des amateurs, même s'ils sont moins sincères ou moins moraux — se servent de tous ceux qui peuvent les aider, quand bien même ce seraient des « gangsters ».

La pédagogie n'échappe pas à cette tendance, et on peut à juste titre se demander si le recours souvent abusif à des matériels pédagogiques sophistiqués *(teaching aids)* sacrifie à l'efficacité ou bien à la mode du gadget ; elle ne fait évidemment que répondre à la publicité. L'école est bien sûr au service de l'individu, mais aussi, de manière indiscutable, au service de la nation, de la société, quand ce n'est pas des sociétés commerciales (l'enseignement technologique est très développé depuis la fin du XIXe siècle). On y voit la trace des idées de Dewey et du pragmatisme. Le même phénomène se remarque dans le domaine religieux : les prédicateurs itinérants du *Great Revival* ne s'embarrassaient guère de théologie mais n'oubliaient jamais de compter le nombre de personnes qu'ils avaient converties pendant leurs *camp-meetings*. Les Eglises jouent un rôle important dans la formation du citoyen, et l'efficacité de la religion répond à la religion de l'efficacité.

L'architecte américain aime ce qui est fonctionnel, et la beauté naît souvent de ce « fonctionnalisme » qui a donné son nom à une école. Les gratte-ciel en sont le meilleur exemple : la décoration se borne à l'harmonie de leur structure, à leur masse, à leurs volumes, aux reflets des nouveaux matériaux qui sont, eux aussi plus « efficaces ». La verticalité des centres villes dans un pays fait d'horizontalité témoigne de l'intervention de l'homme sur la nature.

La peinture obéit au même principe et néglige généralement l'art pour l'art. La création reflète, annonce, modifie, agit.

La multiplicité des gadgets est révélatrice : ustensiles de cuisine, portes de garage électroniques, fours à micro-ondes qui font gagner du temps et de l'énergie, radio flottante qu'on pose à côté de soi sur les vagues pour ne pas être seul...

La simplicité des formalités administratives va aussi dans le même sens (inscriptions dans les universités, banques, administration, etc.).

L'esprit pionnier illustre parfaitement ce souci de l'efficacité. Si les Etats-Unis sont devenus la première puissance mondiale, ils le doivent certes à l'importance de leurs ressources naturelles, mais aussi à la manière dont ils ont su les mettre en valeur.

Chapitre V

L'EXPANSIONNISME

Les économies nationales deviennent tout naturellement expansionnistes lorsqu'elles sont dominantes. Le cas des Etats-Unis illustre bien cette réalité. Elles peuvent même, dans certains cas, devenir franchement impérialistes, et les Etats-Unis ont été, à certains moments de leur histoire, amenés à conquérir d'autres terres. Dans la mesure où il n'existe pas d'Empire américain à proprement parler, il semble pourtant que ce pays ait été plus expansionniste que véritablement impérialiste.

Il faut noter qu'impérialisme et expansionnisme se confondent très souvent dans le cas des Etats-Unis, surtout si on élargit un peu le sens de ces deux mots trop galvaudés, et qu'ils s'expliquent l'un et l'autre par un messianisme que les observateurs ont parfois du mal à comprendre. Ce messianisme est-il un élan profond ou un simple prétexte ? Il est probablement l'un et l'autre et permet en tout cas d'éclairer un certain nombre de décisions et d'actions collectives dans le domaine de la politique étrangère.

Le darwinisme social, qui aide parfois à mieux comprendre certaines attitudes américaines, certains aspects de la mentalité nationale, éclaire aussi le comportement des Etats-Unis envers les autres nations au fil de l'histoire : là encore ce sont les plus forts qui triomphent dans la jungle universelle, et les

Etats-Unis sont sans aucun doute les plus aptes à mener cette lutte, malgré les velléités isolationnistes qu'ils tentent constamment d'accorder avec leur démarche internationaliste.

Une nécessité économique. — Le développement économique des Etats-Unis qui s'est effectué en même temps que leur expansion territoriale a fini par déboucher sur le contrôle plus ou moins effectif et constant d'économies nationales de plus en plus éloignées du noyau national, puis du continent américain.

On a parfois essayé de justifier cette expansion territoriale par une poussée démographique consécutive à l'accroissement naturel de la population et à l'arrivée de très nombreux immigrants. Ceci n'est pas tout à fait convaincant si on se rappelle que les Américains ont encouragé l'immigration précisément pour peupler les nouveaux territoires et que la densité de la population n'est encore que de 22 habitants au kilomètre carré (la concentration de la population dans les villes trompe l'observateur : les Etats-Unis sont en réalité très peu peuplés). Il faut donc trouver ailleurs une explication plus crédible.

C'est avant tout parce que l'industrie est extrêmement dynamique et parce qu'elle continue de se développer que les Etats-Unis ont pris conscience du fait qu'il leur fallait commencer par étendre leur territoire et le peupler s'ils voulaient développer leur marché, puis élargir leur territoire de chasse commerciale et leur zone d'influence. La nature même du système économique exige qu'il continue de produire davantage s'il ne veut pas péricliter. Se pose alors la grande question : l'opinion, qui se souvient de l'époque où le pays était exploité par la Grande-Bretagne et des grandes idées qui ont présidé à sa fondation, refuse de voir les Etats-Unis devenir une puissance impériale. L'indispensable expansion, la conquête qui ne dit pas son nom, doivent s'accomplir d'une manière plus subtile pour satisfaire à la fois aux exigences de l'économie et à celles de la morale collective.

Le système américain s'appuie sur la loi du marché, sur l'équilibre entre l'offre et la demande, entre la production et la consommation. Comme Ford essayait de produire davantage de voitures pour réduire ses prix et, ainsi, vendre encore plus, l'économie se voit contrainte d'ouvrir de nouveaux débouchés extérieurs pour survivre.

La productivité s'améliorant de jour en jour, on pourrait se demander s'il ne serait pas sage de stabiliser la production et de travailler moins. Ce serait aller contre trois notions fondamentales et mettre en cause l'existence même du système : ce pays est un pays de créateurs de biens, un pays de négoce, un pays dur au travail. Effort et profit sont des obligations, et la « civilisation des loisirs » est contraire à la tradition morale et religieuse.

L'amour du gadget, du changement, du provisoire soutient la demande, et Vance Packard considère à juste titre les Etats-Unis comme le pays du gaspillage (1). Peut-être pourrait-on dire « du gaspillage utile » ?

Mais il arrive, comme c'est le cas aujourd'hui, que ces artifices soient inopérants. Il arrive aussi que l'opinion prenne conscience de ce qu'il peut y avoir de scandaleux à épuiser des richesses qui ne sont pas renouvelables pour produire des objets plus ou moins inutiles dont on se défait rapidement au nom du travail, du profit, du changement. Les écologistes qui militent pour la préservation des ressources *(conservation)* vont à l'encontre des exigences économiques nationales ; leur mouvement stagne ou régresse, et Reagan (2) revient sur certaines mesures d'économie mises en place par Carter dont l'impopularité est révélatrice. On fait passer la santé de l'industrie avant celle des hommes. Les modes sont peu durables, et on les exporte bientôt vers les cultures qui acceptent d'être dominées (planche à voile, skate-board, walkman, patins à roulettes pour adultes). Il va sans dire que ces foucades sont bénéfiques pour l'industrie.

(1) Vance Packard, *The Waste Makers*.

(2) Reagan a déjà réduit les crédits pour l'écologie et les parcs nationaux qui sont de moins en moins bien entretenus.

Lorsque le marché intérieur est saturé, il faut regarder dehors. Le dynamisme des colons installés dans ce qui deviendra le Texas, le Nouveau Mexique ou la Californie entraîna la conquête militaire de ces régions, tout comme la protection musclée des hommes d'affaires installés à Samoa conduisit les Américains à s'approprier ces îles du Pacifique. La base navale qui leur fut accordée en 1878 devint bientôt un condominium, puis une zone contrôlée par Washington.

A l'issue de la guerre hispano-américaine, les Etats-Unis s'approprièrent la plus importante des îles Samoa ; halte commode sur la route de la Chine (1899). Même processus pour Hawaï. Les Américains furent de plus en plus nombreux dans l'île (canne à sucre, commerce avec l'Orient). Ces planteurs, soutenus par les capitaux de la métropole, se révoltèrent contre la reine Liliuokalani en 1893 et les *Marines* vinrent bientôt protéger les ressortissants américains et leurs biens.

Cette forme d'expansionnisme dicté par la loi du profit frise certes l'impérialisme : il faut se procurer des matières premières qui manquent sur le continent (canne à sucre) ou qui ne sont pas renouvelables (pétrole). Mieux vaut alors épuiser celles des autres avant de toucher aux siennes... Sans aller jusqu'à parler de colonies, il faut admettre que certains pays (Mexique, Amérique centrale en général) sont une source commode d'approvisionnement. A défaut d'en faire des colonies, il faut au moins y assurer l'ordre propice au commerce.

Lorsque la balance des paiements deviendra positive après 1890, les Etats-Unis pourront se permettre d'investir à l'étranger et les compagnies seront conduites à créer des filiales qu'il s'agira ensuite de protéger. Comme le dit Wayne Morgan, « l'intérêt pour la politique mondiale est né de manière naturelle du mode de développement national » (3).

(3) W. Morgan, *Unity and Culture*, 1971, p. 115.

Au lendemain des deux guerres mondiales, lorsque les exportateurs auront repris le chemin de l'Europe, l'expansion reprendra de plus belle. Il était à la fois humanitaire et rentable d'aider le vieux monde à se redresser. Les vieux pays devaient devenir, plus que des « partenaires favoris », un marché de choix d'autant plus avantageux qu'ils poseraient sur leurs sauveurs les yeux de la gratitude.

Après la guerre froide, les pays sous-développés prendront le relais, puis ils seront suivis par les nations trop sensibles aux séductions soviétiques qu'il s'agira de ramener dans le droit chemin, voire par certaines nations très proches de l'URSS auxquelles on sera trop heureux de vendre des produits de consommation courante pour faire miroiter l'abondance américaine tout en facilitant son développement. On sait mettre en sourdine son anticommunisme quand les intérêts commerciaux sont en jeu : les exportations de blé vers les pays du Pacte de Varsovie ne causent pas de crise de conscience majeure, sauf peut-être aux moments de trop grande tension où elles deviennent une arme (4). Le commerce avec la Chine, qui n'est pas chose nouvelle (accord commercial de 1844), fut interrompu au temps de la révolution culturelle et du maoïsme, mais Nixon renouera prestement des relations suivies avec ce qui n'est après tout qu'un partenaire commercial comme un autre du moment qu'il est solvable. N'est-ce pas une manière de célébrer le pluralisme ?

Le produit commercial fait le lit du produit culturel ; en exportant ses biens de consommation, la nation exporte ou se prépare à exporter son mode de vie,

(4) Une des premières mesures de Reagan fut de reprendre les exportations vers l'URSS que Carter avait interrompues par mesure de rétorsion contre l'invasion de l'Afghanistan.

sa culture. L'exportation de la production non utilisable sur place, outre qu'elle assure la survie du système, s'avère être une arme particulièrement efficace contre le communisme, une force de propagande considérable. Elle débouche sur l'expansionnisme culturel qui la stimule en retour. L'opinion publique est fort satisfaite de ce rayonnement commercial et culturel qui annonce à ses yeux l'exportation du rêve américain, quand ce n'est pas sa justification.

Le messianisme. — Comme R. W. Emerson, les Américains sont persuadés que leur pays, « le dernier créé, est la plus grande aumône que Dieu ait jamais faite au monde ». C'est une idée semblable qui a présidé à la naissance de la « Destinée manifeste » *(Manifest Destiny)* exprimée en 1845 par John O'Sullivan : la révolution mondiale qui inventera une société nouvelle naîtra aux Etats-Unis par la volonté de Dieu qui, cela va de soi, est du côté des Américains (5).

En oubliant les caractères acquis des autres cultures, en refusant de voir les différences, ils veulent modeler les autres à leur image avec un enthousiasme encore juvénile, mais sans se rendre compte que ce n'est pas toujours possible et qu'en tout cas ce n'est pas souhaitable. Ils sont moins poussés par l'orgueil national que par le désir de faire partager aux autres ce qu'ils considèrent comme le meilleur.

Ils ont réussi, ils progressent, ils dominent et, tels des barons voleurs cherchant une justification, ils donnent des leçons de savoir-vivre, de savoir-faire, se racontent avec complaisance et créent des hôpitaux pour leurs semblables. Comme le continent était

(5) Voir p. 110 : *Manifest Destiny*. Voir aussi *Ni Marx Ni Jésus*, de J.-F. Revel, R. Laffont.

jadis peuplé de Blancs et d'Indiens, le monde comprend les Américains et ceux qui n'ont pas la chance de l'être. Comme les civilisés ont porté la bonne parole aux Indiens, ils portent le message au monde entier. Fort heureusement le parallèle s'arrête là...

L'objectif ultime, celui qui justifie certaines bavures, c'est de porter Dieu et l'Amérique au-delà des frontières. Les Eglises envoient des missionnaires, et les filiales des multinationales exportent leurs méthodes, leurs règles, leurs habitudes, créant çà et là des îlots américains qui ne demandent qu'à s'étendre.

Après la seconde guerre mondiale on a créé de toutes pièces des villages entiers pour les GIS et leur famille, qui étaient de petits morceaux d'Amérique ; les enclaves en Afrique, bien protégées de l'environnement, témoignent encore de la supériorité de la civilisation américaine et peuvent servir d'exemple.

Les Américains ont la certitude qu'il leur appartient de rendre le monde plus heureux, plus ordonné et de le faire encore plus à leur image (6). Les conseillers apportent sans doute une aide efficace à ceux qui les demandent ou les acceptent, mais ce sont aussi les messagers de l'américanisme. Il ne s'agit pas pour eux d'occuper, mais bien de pénétrer et de répandre le message culturel pour promouvoir les échanges.

C'est ériger en exemple universel la démocratie américaine — la seule digne de ce nom — et il est inconcevable qu'on puisse donner à ce terme une couleur, un sens différents de ceux que lui donnent les Américains.

Cependant, lorsque le gouvernement doit intervenir pour protéger les Etats-Unis, ou défendre les pays ou les gouvernements qui acceptent la leçon, les vieux démons de l'égoïsme se réveillent parfois et il faut déployer des trésors d'imagination pour per-

(6) R. Steele, *Pax Americana*, Buchet & Chastel, 1967, p. 26-27.

suader l'opinion de faire la guerre. Lorsque la décision est prise, lorsque les Américains sont persuadés que la survie de leur système est en jeu, que sa diffusion est compromise par une autre culture expansionniste ou têtue, c'est un véritable vent de croisade qui balaie le pays. L'enthousiasme frise alors le mysticisme : quand on entreprit de faire la guerre à l'Allemagne tout ce qui était allemand fut banni, Bruno Walter perdit son poste de chef d'orchestre, on ne trouva plus un *bretzel* sur les trottoirs de New York et la *sauerkraut* (choucroute) fut rebaptisée « chou de la liberté »...

Il fallut à la fin du XIXe siècle une vigoureuse et pas toujours très honnête campagne de Pulitzer et de Hearst, les magnats de la presse, pour inciter le public à intervenir à Cuba, non pas pour défendre les intérêts financiers de quelques-uns, mais au nom de la démocratie ; toute la nation se tendit alors vers la victoire, comme elle le fera en 1917 et en 1944. Roosevelt et Wilson avaient compris que seul un appel aux grands principes pourrait décider une opinion travaillée par les pacifistes à déclencher une guerre. Le même phénomène avait conduit de nombreux Américains à se porter volontaires pour conquérir le Texas et la Californie, ou plus exactement, selon eux, pour défendre la démocratie et leurs compatriotes.

L'opinion accepta avec bonne grâce l'aide apportée aux Européens à l'issue des deux guerres car elle était dictée par la charité : on volait au secours du plus faible. Lorsque les Européens voulurent ensuite recouvrer leur liberté culturelle, lorsqu'ils dirent « merci et au revoir », on cria à l'ingratitude : la démocratie américaine rédemptrice ne serait pas adoptée tout de go par ceux qui en avaient profité. Peut-être est-ce une des raisons pour lesquelles l'aide au Tiers

Monde est aujourd'hui assez peu populaire (7)? Comment utiliseront-ils cette aide ? Seront-ils aussi ingrats que les Français après 1947, s'américaniseront-ils sans résistance ?

La guerre du Viêt-nam eut un tout autre effet. Kennedy entraîna les Américains vers un engrenage incontrôlable, dans un élan à la fois défensif et messianique. Il s'agissait de ralentir l'avance du communisme et de porter la civilisation américaine en Asie. Au fil des mois on dut se rendre à l'évidence : la guerre n'était pas ce qu'on croyait, les GIs n'étaient pas nécessairement les ambassadeurs de la culture, et les bombardements n'épargnaient pas toujours les civils. Le rôle de la presse fut alors inverse de celui des journaux de Hearst : elle fit évoluer l'opinion qui changea bientôt de point de vue. Les Américains redevinrent isolationnistes lorsqu'ils se rendirent compte que leur présence n'était pas souhaitée ; l'élan messianique retomba aussi brutalement qu'il était né.

Aujourd'hui cette attitude isolationniste se prolonge avec Reagan : il n'est plus question de se sacrifier pour mettre en place des démocraties sœurs, en particulier dans les pays d'Amérique du Sud, mais simplement de préserver les pouvoirs en place, fussent-ils dictatoriaux, du moment qu'ils sont favorables aux Etats-Unis et, peut-être surtout, hostiles à l'URSS. Il s'agit là d'un processus d'autodéfense et non plus d'un véritable élan messianique, mais c'est peut-être à cause du caractère inquiétant de la crise économique actuelle et du vieillissement relatif de la culture nationale. Les Etats-Unis s'efforcent désormais de maintenir les pays voisins dans la bonne ligne et, dans la

(7) L'aide financière apportée aux pays étrangers (le plus souvent à condition qu'ils achètent américain) diminue régulièrement (5 862 millions de dollars en 1977 contre 6 829 millions de dollars en 1976 et 7 221 millions de dollars en 1971) alors que le PNB continue d'augmenter.

mesure du possible, de contrôler leurs actions : on peut expliquer l'inclination impérialiste autrement que par le messianisme...

L'impérialisme. — Disons tout d'abord qu'il est difficile de considérer les Etats-Unis comme une puissance impériale dans la mesure où ils ne possèdent au sens exact du terme que très peu de colonies ou de dépendances et que celles qu'ils possèdent sont tout à fait insignifiantes, si ce n'est dans le domaine militaire. Ils sont par contre « impérialistes » dans la mesure où ils exercent une influence considérable et grandissante sur un nombre important de nations. Si leur territoire ne s'agrandit pas, ils affermissent par contre leur emprise sur un vaste terrain de chasse.

Il s'agit en somme d'une forme de néo-impérialisme. Au lieu d'envoyer les chars, ils dépêchent les marchands. Ils ne placent pas de gouverneurs à la tête de nations étrangères mais contrôlent de manière souvent occulte les économies et bientôt les cultures. Il est toujours difficile de faire le départ entre l'impérialisme « offensif » et l'impérialisme « défensif » : la défense de leur territoire national et de leur zone d'influence suppose le contrôle d'un espace de plus en plus étendu, d'où les têtes de pont et les bases militaires à l'étranger.

On notera pourtant que les Etats-Unis possèdent un certain nombre de dépendances à l'extérieur de ce qu'on pourrait appeler leurs frontières naturelles et qu'ils ont bien sûr été, à tel ou tel moment, des envahisseurs comme lorsqu'ils ont conquis le continent américain, puis digéré leurs nouvelles acquisitions. Ces dépendances sont surtout des haltes sur la route de l'Orient, ou des bases stratégiques : Samoa, Guam, Hawaï, les îles Marshall, les îles Caroline, Baker, Jarvis, Howland, l'atoll Johnston, Kingman Reef, les Mariannes, Wake, Midway dans le Pacifique et, dans l'Atlantique, Puerto Rico, les îles Vierges, Swan. Ils exercent un contrôle sur la zone du canal de Panama qu'ils perdront en l'an 2000.

Pour élargir leur zone d'influence les Etats-Unis ont, en gros, utilisé six techniques plus ou moins efficaces : *la négociation*, tout d'abord, comme pour les îles Samoa ; ensuite le *soutien des mouvements révolutionnaires* animés ou téléguidés par des citoyens américains (Nicaragua, 1909). Ils ont parfois utilisé la *force pure* et « envoyé les Marines », comme au Nicaragua ou à Cuba (baie des Cochons). *L'investissement* de capitaux leur a parfois permis de remplacer des colons venus d'autres pays par des citoyens américains (Knox s'efforcera de convaincre les banques d'investir au Honduras pour chasser les Britanniques ; l'amendement Platt permettra à la National City Bank d'investir 50 000 000 $ à Cuba en 1878). *L'achat pur et simple* d'un territoire et de sa population (achat de la Louisiane en 1803, de l'Alaska en 1867). Ils ont enfin fait la guerre pour *défendre des citoyens américains* menacés dans leurs biens ou leur personne (Texas, Hawaï).

Après s'être, eux aussi, laissé griser par l'aventure impériale, ils ont su rester fidèles à leur tradition anticolonialiste en évacuant par exemple Cuba qu'ils auraient très bien pu annexer après avoir battu l'Espagne. Lorsque des gouvernements comme ceux de Théodore Roosevelt ont eu des visées impérialistes, l'opinion publique, le Sénat et diverses associations — comme la Ligue anti-impérialiste — ont su faire en sorte que le pays ne devienne ni une nouvelle Angleterre ni une nouvelle France. La tradition nationale est en effet très hostile à l'impérialisme, même si certains prophètes vénérés comme Jefferson avaient déjà songé aux problèmes que poserait un jour Cuba (il écrivit au Président Monroe à ce propos, en lui signalant aussi l'importance de la Floride qui était encore espagnole à l'époque).

Lorsqu'on parle de l'impérialisme américain, il faut

donc se souvenir du fait que les Etats-Unis auraient probablement pu se constituer un territoire national encore plus vaste en annexant des voisins plus faibles. Il est vrai que l'étendue de leur territoire, les possibilités offertes par les régions inexplorées, l'importance des ressources naturelles et la faiblesse des forces armées américaines jusqu'à l'entrée en guerre de 1917 (8) sont autant de raisons qui peuvent expliquer ce refus de devenir une puissance impériale.

Un certain nombre de forces jouent pourtant en faveur de l'impérialisme. La psychologie collective du peuple américain a été marquée par l'étendue du continent de sorte qu'on a toujours éprouvé un vif attrait pour les vastes étendues à conquérir ou à civiliser, c'est-à-dire à américaniser. Le système économique exige, comme nous l'avons dit, une multiplication des débouchés. Le charisme, le messianisme culturel exigent qu'on fasse partager aux autres les bienfaits que Dieu nous a accordés. Le pays doit être défendu contre le communisme et cela ne peut se faire qu'en prolongeant le glacis protecteur, en élargissant la zone des pays amis, en s'assurant des bases stratégiques de plus en plus lointaines et de mieux en mieux contrôlées. Les nouvelles techniques guerrières, les nouveaux modes de communication ont en effet raccourci les distances, pour le commerce et les échanges de toute nature, mais aussi pour les missiles intercontinentaux.

Avant 1890 les Américains ne regardaient guère au-delà de leur continent, tout occupés qu'ils étaient à mettre en valeur leur richesse, mais on peut déjà voir dans la conquête de l'Ouest certains aspects impérialistes puisque cette conquête aboutit fréquem-

(8) Il n'y avait pas d'armée nationale avant cette date et surtout pas de flotte.

ment à l'annexion (outre celle des terres qui appartenaient aux tribus indiennes) de territoires revendiqués ou occupés et contrôlés par des puissances étrangères. Lorsqu'un pays s'empare par la force, la négociation ou l'argent, de régions appartenant à un autre pays, il est bel et bien impérialiste.

La théorie de la « Destinée manifeste » *(Manifest Destiny)* (9) ne saurait cacher cette réalité : ce n'est pas en affirmant que le sort des Etats-Unis est de s'étendre à tout le continent américain qu'on peut justifier la conquête des territoires indiens, du Texas, du Nouveau-Mexique, de la Californie restée si espagnole ou de l'Alaska. On peut en outre remarquer que cette théorie pourrait le cas échéant justifier l'intégration du Canada tout entier aux Etats-Unis et les faucons qui applaudirent lorsque les Etats-Unis lancèrent leurs troupes à l'assaut des Anglais stationnés au Canada auraient vu avec plaisir, si elles avaient été victorieuses, leur territoire national s'avancer jusqu'au grand Nord. Il s'agissait en somme d'occuper toute l'Amérique du Nord au nom de la démocratie pour éviter que des puissances étrangères ne viennent porter le danger aux portes des Etats-Unis, d'être en somme impérialistes pour empêcher les autres de le devenir, ou par prudence, avant que les autres aient eu le loisir de s'établir. En 1890, lorsque la Frontier sera close, il faudra trouver de Nouvelles Frontières qui seront encore à cette époque des Frontières territoriales, mais situées hors du continent (îles du Pacifique).

La Conférence panaméricaine qui se tint à Washington en 1889 et 1890 et qui n'eut guère d'effet sensible

(9) « Sans borne et sans limite, l'avenir sera l'ère de la grandeur américaine... La nation formée de nations est destinée à témoigner de l'excellence des principes divins : son sol sera l'hémisphère tout entier » (John O'Sullivan, *The Democratic Review*, 1845).

visait à consolider les liens entre les différents Etats d'Amérique sous l'égide des Etats-Unis afin de créer une véritable solidarité américaine.

Comme la Destinée manifeste justifiait la conquête des territoires situés entre l'Atlantique et la Pacifique, le Corollaire d'Olney (10) à la Doctrine de Monroe, puis le Corollaire de Roosevelt (11) essaieront de justifier cet impérialisme rendu nécessaire par la croissance économique vers la fin du XIXe siècle.

Plus près de nous, s'il est difficile de parler d'impérialisme véritable, il faut admettre que les Etats-Unis dominent ou exercent leur influence sur de nombreuses régions du monde. Ils signèrent leur entrée dans les affaires mondiales lors de la Conférence d'Algésiras en 1906, et Yalta (1945) leur permit de contrôler la nouvelle division du monde. Cette action se trouva encore renforcée par les différents plans Marshall et par la Doctrine de Truman (12) : celui qui finance espère toujours avoir un droit de regard sur son obligé. De plus les Américains, contrairement à ce que leur conseillait George Washington, se mirent désormais à signer des alliances permanentes avec les Européens (OTAN, 1950).

La guerre du Viêt-nam enfin fut le point culminant de l'action à l'étranger. Alors que les Etats-Unis n'ont pas toujours su tirer avantage de leurs victoires — ils gagnent la guerre mais perdent la paix — ils ont ici connu leur premier véritable échec militaire.

(10) Les Etats-Unis sont souverains sur le continent américain.

(11) « Si les Etats-Unis empêchent les nations européennes de protéger leurs intérêts en Amérique latine, ils doivent assumer les pouvoirs d'une police internationale pour protéger les intérêts européens lorsqu'ils sont justes contre les actions des pays d'Amérique du Sud lorsque celles-ci sont manifestement injustifiées » (Message au Congrès, 1904).

(12) En 1947 Truman avança l'idée que la meilleure manière de contenir les Soviétiques était de fournir une aide économique et militaire aux pays sous-développés (à cette époque la Grèce et la Turquie) qui risquaient de tomber dans leur orbite.

Cet échec fut peut-être bénéfique, puisqu'il conduisit le pays à se poser pour la première fois des questions sur sa force réelle, sur son pouvoir de persuasion, sur l'exemplarité de sa culture.

Il semble donc que, après avoir été résolument impérialistes sur leur continent, les Etats-Unis soient devenus les « Gendarmes du Monde » à défaut d'être ses conquérants. Cela ne suffit pas pour masquer leur « néo-impérialisme » ravageur : l'impérialisme culturel est devenu si insinuant, si étouffant parfois, que les autres auront bien du mal à s'en protéger ou à s'en défaire.

C'est une forme d'impérialisme très liée au militaire et au commercial. Elle est d'autant plus dangereuse qu'elle est souvent spontanée puisque ce sont les autres nations qui l'appellent, parce qu'elles sont vieilles, ou affaiblies (Europe) trop jeunes ou peu sûres d'elles (autrefois l'Ontario, aujourd'hui la Colombie britannique où des mouvements réclament une annexion pure et simple par le voisin du Sud).

L'impérialisme militaire est dangereux, l'impérialisme commercial, plus sournois ne l'est pas moins. La « guerre culturelle » (13) est meurtrière à l'échelle des générations car les produits transforment le mode de vie, et les techniques provoquent la mutation des modes de pensée et des héritages. La civilisation Coca-Cola ne fait pas que des bulles...

« Franglais » (14) et « galloricain » (15) remplacent peu à peu le français, et l'anglais lui-même se laisse corrompre par son sous-produit. La profusion des exportations, la pénétration par le disque, la « série » télévisée et les produits alimentaires, en même temps qu'elles ouvrent des débouchés aux marchands américains, compromettent les bases de notre identité par leur caractère répétitif et massif. Les déséquilibre

(13) Voir H. Gobard, *La Guerre culturelle*, Copernic, 1979.
(14) Etiemble.
(15) Gobard.

n'est pas une chose mauvaise en soi pour le progrès d'une culture, mais à condition qu'il s'exerce dans plusieurs directions et qu'on puisse le compenser. Les multinationales contribuent à cet alignement par la consommation : en soumettant les économies de nombreux pays aux oukazes des hommes d'affaires américains, elles écornent les cultures qui sont très éloignées de la leur et absorbent celles qui s'en approchent un tant soit peu (Canada).

Ainsi donc les nécessités économiques et le messianisme autosatisfait débouchent-ils sur un néo-impérialisme tenace qui ne heurte pas de front les traditions isolationnistes mais s'exerce à l'insu ou avec l'accord de l'opinion qui ne comprend pas toujours qu'on refuse l'envahissement tout en acceptant la charité. Ici, comme en économie, c'est encore le plus fort qui dicte sa loi.

Le darwinisme à l'échelle planétaire. — L'expansionnisme économique à l'intérieur suppose, nous l'avons dit, le triomphe des mieux adaptés. Il en va de même hors des frontières nationales : la loi de la jungle fonctionne parfaitement dans le domaine diplomatique où tout est question de rapport de forces. Comme certains grands trusts essaient de se forger un monopole aux Etats-Unis, le pays tout entier aimerait, consciemment ou non, éliminer les nations concurrentes. Fort heureusement, dans le premier cas le gouvernement s'emploie à limiter leurs ambitions et, dans le second, l'opinion publique — fidèle à ses traditions — veille par intérêt (peut-être par idéalisme ?) à couper très tôt les élans trop conquérants, au moins quand ce sont des élans militaires. Il n'en reste pas moins vrai que les Etats-Unis, conscients de leur force et de leurs aptitudes à triompher dans la jungle mondiale, n'hésitent pas à y avoir recours.

En somme, depuis Théodore Roosevelt, ils montrent de plus en plus souvent « le gros bâton » qu'ils portent sous leur veste et relèguent de moins en moins au magasin des accessoires. Ils n'acceptent pas d'intrusion au voisinage de leurs frontières et s'emploient, mais, on le notera, sans user directement de la force, à préserver un no man's land entre leur ennemi désigné et eux-mêmes. Dans le passé ils ont ainsi triomphé à Saint-Domingue et occupé l'île entre 1916 et 1929 au mépris du principe de non-intervention dans un pays étranger. Ils ont occupé le Nicaragua de 1912 à 1925 et de 1928 à 1933, imposant leur force comme les nations européennes au beau temps du colonialisme.

Mais ils ont désormais d'autres moyens tout aussi efficaces que l'armée pour s'imposer. La diplomatie du dollar ne se relâche pas depuis le Président Taft et les actions discrètes se multiplient pour renverser ou déstabiliser les gouvernements trop peu amicaux ou éliminer les mauvais exemples (Allende au Chili, soutien au Shah, aux dictateurs d'Amérique centrale, aux *contras*, etc.).

Comme les *tycoons* du XIXe siècle, les Rockefeller et les Dupont de Nemours, ils absorbent leurs concurrents et tendent à former une sorte de gigantesque trust international. Si le Canada sut résister victorieusement aux armées américaines encore faibles en 1812, il est trop vulnérable pour se défendre contre la pénétration douce : l'abondance des produits américains étouffe la production nationale dans des secteurs entiers (automobile) et la télévision américaine fait des ravages culturels considérables en raison de la proximité des deux pays. L'économie la plus florissante, la plus dynamique, étend son influence et impose la Paix américaine propice au développement américain. Les « sentinelles sur les remparts de la liberté » ce sont en fait les multinationales qui digèrent les petites compagnies nationales et centralisent, bureaucratisent avec ou sans l'accord des gouvernements nationaux.

L'emprise du dollar est si ferme que les Etats-Unis peuvent désormais acculer n'importe quel pays à la faillite. Ils peuvent exporter leur inflation, leur chômage, en jouant sur la valeur du dollar qui paie le pétrole, sur les taux d'intérêt, sur les prix, sur les investissements, en faisant circuler leurs capitaux. Ils utilisent les ressources des autres à leur profit et sont en ce sens colonialistes. Comme les grands trusts dictaient leur loi aux fermiers, aux petits entrepreneurs, aux politiciens, les Etats-Unis sont maintenant en mesure de régimenter une grande partie du monde prise dans une toile dont l'araignée se trouve en Amérique.

L'opinion publique tolère cet état de choses qui conforte l'évangile du darwinisme social alors qu'elle ne tolère pas le colonialisme quand il ose dire son nom. Elle accepte d'autant mieux ces deux premiers volets du darwinisme — le développement maximum de ses propres possibilités puis l'écrasement de la concurrence — qu'on fait valoir aussi le troisième, celui qui justifie les deux premiers : la charité. Après avoir réduit les concurrents, il faut leur venir en aide en leur indiquant les recettes et en les aidant à imiter le modèle américain. Darwinisme social, impérialisme et messianisme sont ainsi étroitement liés. Les hommes d'affaires et les Américains imposent leur loi dans leur propre intérêt, puis dans celui des autres. Les Etats-Unis sont ainsi devenus en quelque sorte, avec tout ce que cela implique de positif et de négatif, les « barons voleurs » de l'humanité parce qu'ils sont les plus aptes à la lutte.

L'isolationnisme. — C'est une grande tendance fondamentale de la civilisation américaine qui s'inscrit contre l'expansionnisme et l'impérialisme. L'histoire du pays a été marquée par l'existence de ces pôles entre lesquels balancent constamment les autorités fédérales, les puissances économiques et l'opinion publique qui se laisse attirer par l'un ou par l'autre en fonction des situations intérieure et extérieure. Si le pays était isolationniste par nécessité aux débuts de son existence, il se laissera de plus en plus tenter par le jeu international au fur et à mesure qu'il se renforcera. Il était en effet naturel que les Américains soient vigoureusement isolationnistes au lendemain d'une guerre difficile contre l'Angleterre, alors qu'ils devaient à la fois rejeter les avances que leur faisaient une France soucieuse d'utiliser au mieux la vague de francophilie qui suivit le conflit et soutenir une industrie naissante.

De grandes forces agissent de manière constante en faveur de l'isolationnisme. C'est tout d'abord le souvenir collectif des souffrances endurées sous la domination européenne et le message du premier héros national, George Washington, qui, en 1796, mettait en garde ses concitoyens contre les querelles des nations européennes auxquelles il aurait été mortel de se mêler, tout en incitant les Américains à développer paisiblement leurs propres richesses. L'impact de ce message fut considérable, et il n'est pas certain qu'il ait jamais été oublié. Les Etats-Unis se sont en effet longtemps considérés comme étant à l'abri de toute ingérance étrangère du fait qu'ils étaient protégés par deux océans (Two Ocean Concept).

Joue ensuite le besoin de protéger l'industrie nationale contre les importations, contre l'emprise de Londres il y a deux siècles, contre celle du Japon et, dans certains secteurs, celle du Tiers Monde aujourd'hui. Il est vrai qu'il s'agit alors d'un isolationnisme à un seul sens et d'un protectionnisme qui vise à favoriser les exportations tout en limitant les importations et qui, ne pouvant aujourd'hui dire son nom, cherche des artifices pour se justifier (raisons de sécurité pour ralentir l'importation de petites voitures européennes, accords avec les Japonais pour qu'ils réduisent eux-mêmes leurs exportations, pollution pour interdir l'atterrissage de Concorde, etc.).

La richesse du pays apparaît aussi comme un élément non négligeable dans l'élaboration des théories isolationnistes : jusqu'à une période récente où les Américains ont compris que leurs ressources (pétrole, uranium, matières premières) ne sont pas inépuisables et où ils se sont mis à utiliser les ressources des autres pays de préférence aux leurs, ils ont cru pouvoir se passer du reste du monde, vivre en vase clos s'il le fallait, et ils auraient dans une large mesure pu le faire s'ils avaient su limiter le gaspillage. Ils avaient en somme assez à faire chez eux sans se mêler des affaires du monde ; leurs intérêts différaient de ceux des autres pays trop soucieux d'expansion et de rapines.

Ces sentiments se retrouvent partout, et surtout dans le Middle-west, bastion de l'isolationnisme. Ils ont bien sûr évolué dans le temps et notamment en raison des impératifs économiques et militaires qui exigent une certaine forme d'expansionnisme. L'idéal serait certes de fermer la porte aux courants venus de l'extérieur en la laissant ouverte à ceux venus de l'intérieur, mais même en Amérique il est difficile de laisser une porte à la fois ouverte et fermée.

L'évolution de l'attitude isolationniste apparaît clairement dans la fluctuation des droits de douane qui seront la principale source de revenu national jusqu'en 1812. Il serait exagéré de considérer qu'ils constituent un baromètre exact de la volonté d'isolement, puisqu'ils témoignent aussi dans une large mesure de l'action des groupes d'intérêts professionnels. Il n'en reste pas moins que, quand on les considère comme un moyen de protéger les industriels (et aussi les travailleurs contre la main-d'œuvre qui, en acceptant des salaires très faibles dans d'autres pays, permet des prix de vente très bas), ils indiquent avec assez de précision le degré d'isolationnisme souhaité par l'opinion et le gouvernement : si les Etats-Unis protègent leur industrie, ils doivent s'attendre à ce que les autres nations en fassent autant et les isole derrière leurs propres barrières douanières.

Les droits de douane ont été établis dès la proclamation de la Constitution fédérale en 1789, puis augmentés en 1790, 1792 et 1804, malgré les efforts des Sudistes qui n'avaient, eux, aucun intérêt à les voir relever au risque de devoir payer plus cher les produits manufacturés qu'ils étaient contraints d'importer. La période qui s'étend de 1789 à 1913 a connu des droits de douane élevés si l'on oublie quelques rares réductions conjoncturelles ou dictées par la situation politique. Monroe, très isolationniste, les maintint à un haut niveau, et ils continuèrent de monter régulièrement jusqu'en 1913, la véritable accélération se situant en 1861 avec le *Morrill Tariff*, puis en 1890 avec le *McKinley Tariff* (49,5 % de droits en moyenne), et avec le *Dingley Tariff* de 1897 (57 %) cette longue période de droits élevés concorde parfaitement avec la période isolationniste ; même si les Etats-Unis de Théodore Roosevelt furent impérialistes ils ne souhaitèrent pas se mêler des affaires européennes, se contentant de s'étendre sur leur pourtour tout en se défendant contre l'industrie des vieux pays développés.

Les droits de douane ne baisseront qu'en 1913, lorsque la période isolationniste touchera à sa fin, avec le *Underwood Tariff* (16).

L'isolationnisme, pour être une des règles d'or de la diplomatie américaine, n'en a pourtant pas moins évolué dans le temps. Pour passer de l'isolationnisme de George Washington à celui — tout spécial — de Théodore Roosevelt ou de Ronald Reagan, les gouvernements ont dû modifier de manière sensible leurs principes traditionnels. Ils ont dû le faire avec une habileté et une discrétion suffisantes pour ne pas heurter l'opinion publique qui est très encline à se référer aux principes et aux phobies des Pères fondateurs.

(16) Leur montant sera ramené à 27 % en moyenne.

Il est certain que les politiciens ne pouvaient plus à la fin du XIXe siècle, et surtout dans la seconde partie du XXe, avoir les mêmes options qu'à l'époque de Jefferson. Il fallait trouver de nouveaux moyens pour associer le « splendide isolement » et une démarche plus dynamique dans le domaine international à une époque où les questions économiques, militaires et politiques ne pouvaient se résoudre en appliquant des principes archaïques et où l'avion avait réduit les distances.

Le message de George Washington était extrêmement clair : les Etats-Unis ne devaient pas se mêler des affaires des Européens s'ils ne voulaient pas que ceux-ci se mêlent des leurs. La Doctrine de Monroe précisera ce message. On s'y réfère encore de nos jours. Rédigée par J. Q. Adams, elle fut rendue publique par le Président Monroe en 1823, à une époque où la Russie s'intéressait beaucoup aux rivages du Pacifique et où les Européens soutenaient de manière inquiétante une Espagne jalouse de ses colonies américaines. C'est donc une doctrine avant tout défensive qui dit que les puissances européennes ne pourront plus créer de nouvelles colonies sur le territoire américain et qu'elles ne devront jamais essayer d'y implanter leur système économique et politique. La libre circulation devra être garantie sur les océans. En contrepartie les Américains renonceront à se mêler des affaires européennes et notamment de celles de la Sainte-Alliance dont ils craignaient la puissance.

Cette doctrine satisfait les Américains jusqu'à la fin du XIXe siècle, époque à laquelle il faut la transformer quelque peu pour l'adapter aux nouvelles exigences d'un pays devenu plus apte à se défendre, plus désireux de se lancer dans la compétition internationale. Le plus connu des « corollaires à la doctrine de Monroe » est celui de Théodore Roosevelt qui affirme (17), pour faire accepter son point de vue, qu'il n'a aucune velléité d'expansion territoriale.

Lorsque l'Allemagne entrera en guerre contre la France en 1914 et en 1940, l'opinion ne se décidera que très lentement à intervenir. Les mouvements pacifistes (femmes, descendants d'Allemands, Irlandais, etc.) ne voyaient pas la nécessité de se priver d'un partenaire commercial avec lequel ils avaient en outre certaines affinités. Des mouvements comme *America First* ou les *Go-it-aloners* (— je roule pour moi —?) rencontreront un vif succès, et le gouvernement devra se contenter d'une politique de neutralité l'autorisant à faire des affaires avec les belligérants comme si de rien n'était. Une étude des échanges avec les Alliés et l'Allemagne montre simplement qu'ils sont de plus en plus soutenus avec les uns et de moins en moins avec l'autre jusqu'à l'entrée en guerre qui se fera tardivement, lorsque les Etats-Unis se sentiront menacés et capables d'intervenir.

Pour accepter la guerre, les Américains ont besoin d'un prétexte solide susceptible de leur faire oublier leur isolationnisme militant et cette neutralité si propice au commerce. Curieusement, pour la guerre hispano-américaine comme pour les deux guerres mondiales, c'est un incident naval qui mettra le feu aux poudres : le *Maine* sombre à La Havane, le *Lusitania* est coulé par les Allemands, la flotte stationnée à Pearl Harbor est détruite par les Japonais et, toujours, la presse et la propagande officielle devront redoubler d'efforts pour conduire le pays à la guerre.

Le Viêt-nam n'aura rien fait pour effacer cette tendance isolationniste. La doctrine de Guam du Président Nixon préconisera le retour à un certain isolement (désengagement militaire en Asie), et Reagan renforce encore ce principe en parlant très fort de la Guerre des Etoiles et en menaçant de déclencher s'il le faut un conflit mondial.

(17) Voir p. 111.

Les présidents qui ont soutenu avec le plus de force le repliement sur soi ou qui ont mis un terme à un conflit entamé avec eux, sont des républicains. Ce n'est somme toute que chose normale puisque ce parti est plus isolationniste, moins ouvert aux conflits du monde, moins « charitable » envers les jeunes démocraties désireuses d'emboîter le pas aux Américains. Ces deux tendances contradictoires, impérialisme et isolationnisme, sont très profondément ancrées dans la culture nationale et dominent tour à tour. Il semble que le pays soit pourtant très prudent puisque les gouvernants doivent déployer des moyens de propagande importants pour faire sortir les GIS des frontières nationales.

Les républicains acceptent toutefois depuis la seconde guerre mondiale que leur pays joue pleinement son rôle international.

CONCLUSIONS

Tout en accordant l'importance qu'elles méritent aux « contre-tendances » culturelles qui ne sont le plus souvent que les manifestations épisodiques d'une crise temporaire, latente ou aiguë, on peut dire que ces quatre idées-forces (le dynamisme, l'individualisme, le capitalisme et l'expansionnisme) constituent avec leurs composantes un tout assez homogène qui, sans fournir une explication universelle, permet de comprendre l'ensemble des manifestations collectives et souvent même individuelles des Américains, les institutions, les croyances, les interdits et les rites sans lesquels la civilisation américaine ne se différencierait pas des autres cultures.

Sans que l'une d'elles régente les autres, elles se complètent et s'éclairent mutuellement. Leur interaction rend compte de la marche, du progrès, ou plus exactement de la progression de la culture des Etats-Unis. Lorsque les contre-tendances sont temporaires, quand elles meurent de leur belle mort ou qu'on les élimine de propos délibéré, elles rendent compte d'un incident ou d'un accident de parcours. Lorsqu'elles s'intensifient, se confirment et se fixent, elles témoignent d'une rupture qui dépasse la simple mode et marquent un véritable changement directionnel de la société dans son ensemble.

Dans le cas des Etats-Unis, pays jeune, ces avatars culturels sont l'exception alors que d'autres cultures tendent à se niveler, à se soumettre à une culture dominante. La culture américaine, probablement en raison de sa jeunesse, apparaît comme étant tout à fait constante : si elle s'écarte à l'occasion de son parcours culturel idéal, elle retrouve toujours sa propre norme qu'elle arrive — grâce à la puissance de l'économie qui lui sert d'infrastructure — à imposer aux autres nations qu'elle tire, parfois malgré elles, dans son sillage.

TABLE DES MATIÈRES

Imprimé en France
Imprimerie des Presses Universitaires de France
73, avenue Ronsard, 41100 Vendôme
Juillet 1994 — N° 40 312